# ニュージーランド式 24時間やせる身体をつくる ベストセルフダイエット

ニュージーランド公認
パーソナルトレーナー／
筑波大学体育学修士

mikiko

Gakken

# はじめに

## ☆世界一自分に合ったダイエット法が見つかります

「もう、そのダイエットやめませんか？　なかなか効果が出ないんだったら、なおさら。もし効果が出ていても辛いんだったら、これ以上続けるのもやめませんか？」

そうお伝えしたくて、この本を出すことにしました。

ダイエット法は、どれも継続さえできれば、それなりの成果が出るでしょう。というのも、それぞれの方法に必ず成功事例があるから。

でも、よくよく考えてみると毎日のようにさまざまな方法が提唱され続けるのは、どうしてでしょうか。書店のダイエットコーナーに行っても、行くたびに新しい本が置かれていることも多いのではないでしょうか。それは、常に新しいダイエット法が求められているから、ともいえそうです。その理由は、

### 「効果が出ない」

**「続かない」**

**恐らく最も大きな理由は、**

**「自分に合わない」**

という、きわめて単純なことによるでしょう。

さらに言ってしまうと、

「目指しているゴール、つまり目指す体型が、そもそも間違っている」

こんなことも起きてしまっているからです。もう、こんなことはやめませんか？

**自分にふさわしいゴール（体型）を、自分に適した方法で、無理なく極力ストレスがない状態で続ける。**

**さらには、食事中や移動中だけでなく、睡眠や机に向かっている時までもがやせる身体の仕組みづくりになる方法を、手に入れたくありませんか？　これが全部叶うのが、本書が提唱する「ニュージーランド式」**なのです。

本書では、ベースとなる理論を理解した後に、**実際に自分に適したダイエットプランを作って実践するというワークを用意しています。**

**世界一自分に合ったダイエットメニューが作れる**ということです。今まであるようでなかったダイエット本だと自負しています。

私がこのダイエット法に行きついた舞台となる**ニュージーランドという国は、フィットネス最先端**の国として知る人ぞ知る存在となっています。

分かりやすい例を出すと、世界最大のグループフィットネスといわれ、世界100ヵ国以上、2万ものクラブで導入されているフィットネスプログラムを考案した「Les Mills」の発祥地です。

睡眠とストレスの少なさはダイエットにとって欠かせない存在なのですが（理由は本編で触れます）、ニュージーランドという国は平均睡眠時間は世界最長、ストレスの少なさも世界上位（一方で日本は下位）で、適度な運動を続けているというデータも出ています。

## ☆世界各国で医者やアスリートからも注目される

申し遅れました。私はｍｉｋｉｋｏと申します。現在はニュージーランド在住で、ダイエットの悩みを学びながら解決するトレーナー（インストラクターと呼ぶことも多いですが）として活動しています。

でも生まれも育ちも日本で、両親も日本人という生粋の日本人です。

太ることをずっと気にしていた私は、昔からあらゆるダイエットを試していました。人間の身体への関心が高じてか、筑波大学人間総合科学研究科 博士前期課程 体育学専攻（健康増進学）に進学し、**栄養や運動など関係ありそうなあらゆる学問を習得し、研究しました。**

ニュージーランドに移住したのはその後なので、私は日本人の体質も、日本での暮らしも十分に知っています。なぜこんなことを申し上げたのかというと、「あなたの提唱するダイエット法は、日本人の体質や性格には合わないんでしょ?」「日本の環境や生活では、真似できない方法なのでは?」という疑問を払しょくしたかったからです。

ご心配なく。**私が提唱するダイエット法は住んでいるところ・文化・国籍を問わず、日本人のどなたでも実行に移しやすい方法**ですから。

**ニュージーランドに拠点を移して以来、現地の最先端の方法と考え方を取り入れながら、西洋と東洋の知識を融合させた独自の方法に行きつきました。**

おかげさまで世界各国にて話題を呼び、日本・香港・英国・カナダ・アメリカ・オーストラリアなど世界各国からレッスンの依頼が殺到。

**医療従事者、アスリートなど身体の専門家からの質問も多く受けるようになりました。**自分で言うのもおこがましいですが、プロにも認められたのかなと思っています。

## ☆私もダイエットでは悲惨な目に何度も遭ってきた

このようにダイエットを世界中の方々にお伝えしている私ですが、**実は私自身も、ダイエットでは散々な目に遭ってきました。**

過去には流行りのダイエット情報を追いかけては、失敗するのを繰り返してきたのです。リバウンドしてしまうのはもちろん、摂食障害、20歳にして失明の危機に直面と、身体も心もボロボロの状態を何度も味わってきました。

以来、自分に合う方法を模索して見つけ、先ほど申し上げたようにあらゆる勉強や研究を積み重ねて、今は多くのダイエット迷子（ダイエットで行き詰まっている人）を救っています。

**失敗する人、まじめに努力するも空回りしてしまう人の行動と気持ちも、よく理解しています。**というのは、私がまさに、その典型的な人間だったから……。

おかげさまで現在は、ニュージーランド公認パーソナルトレーナーとして、予約待ち半年以上となっています。

でも私は、もっと多くの方のダイエットをサポートしたい！　私自身もダイエットに散々苦しめられてきたから、そこから解放されたい気持ちは、誰よりも理解しているつもりです。それでこの本を書くことにしました。

もしかしたら、今まであまり聞いたことのない方法や考え方も多くて、驚かれるかもしれません。

少し例を挙げると、

「『体重計』は捨てていい。体重で目標設定するのは間違い」

「『体脂肪率』はあまりアテにならない」

「疑問視されている世界のＢＭＩ基準」

「落ちない脂肪は『栄養不足』が原因だった」

「『炭水化物』も『脂質』も悪者ではない。全部必要な栄養素」

「『太ももの隙間《すきま》』は不健康の象徴だった」

「『ぺったんこお腹』や『シックスパック』は24時間維持できるものではない」

「姿勢改善だけで服のサイズが変わることがある」

「運動するよりもまずは、寝る時間を確保しなさい」

「休むことも立派なダイエットである」

「日本人女性はプロボクサーと同じダイエットをしている」

「男女で身体は違うのに、世のダイエット法の多くが成人男性向け」

「最新医療や科学が、ダイエットの世界ではなかなか通用しないのはなぜか？」

「そもそも、モテると人生は本当によくなるのか」


まだまだありますが、キリがないのでこのあたりでやめておきましょう。

もちろん目立とうと思ってそう言っているのではなく、**科学的根拠やダイエット指導の現場経験から導き出した結論**です。詳しくはこの後に続く本編でご紹介しますので、ご期待ください。


多くのダイエット迷子のお力になり、やせるだけでなく心身共に健康に過ごされる方が一人でも多く生まれることを願いつつ、私のご挨拶と変えさせていただきます。

2024年6月　m・i・k・i・k・o

目次



CONTENTS

## ダイエットの悩み2
## 「頑張っているのに結果が出ない」を攻略する



## ダイエットの悩み3
## 「我慢がストレスになって爆発してしまう」を攻略する

## 第2章 不幸に導くダイエットの考え方 ～「やせ願望」の落とし穴～

——「やせる」と「体重」へのこだわりが招く、悲惨な末路

第3章

# ダイエットで注目されるキーワードへの勘違い

——「くびれ」「シックスパック」「体脂肪」「BMI」などに振り回される人、続出

# 第4章 「姿勢」の正しい考え方&ワーク

「勝手にやせる」仕組みを作る【その1】

## 第5章 「栄養」の正しい考え方&ワーク

「勝手にやせる」仕組みを作る【その2】

第7章

「勝手にやせる」仕組みを作る【その4】

# 「水分摂取」の正しい考え方&ワーク



CONTENTS

第8章

「勝手にやせる」仕組みを作る【その5】

# 「ホルモン」の正しい考え方&ワーク



ワーク

第9章

「勝手にやせる」仕組みを作る【その6】

# 「睡眠」の正しい考え方&ワーク

# 第10章

「勝手にやせる」仕組みを作る【その7】

## 「体質」「性格」の正しい考え方&ワーク



ワーク

「体質」「クロノタイプ」「性格」を調べて、
変えられるものと変えられないものを区別しよう

第11章

振り回されてかえって不幸になる人続出……

# 「情報」との正しい付き合い方

装丁デザイン　菊池 祐
本文デザイン・DTP　荒木香樹
イラスト　さとうりさ
校　正　豊福実和子
企画協力　ブックオリティ

# 第1章

# ダイエットに失敗する本当の理由

## ――ダイエット3大悩みへの解決策は、すでに見つかっている

# 「モチベーションが続かない」を攻略する

## ☆続かないのは「だらしない性格」のせいではない

ダイエットが続かないことは、よく「甘え」「だらしない」という言葉で表現されます。しかし、ダイエットに挫折している9割以上の人たちは果たして、皆「だらしない人たち」なのでしょうか？

私の元には、大企業のエグゼクティブ、世界中を飛び回って仕事をする超一流といった人々が「ダイエットを始めてもモチベーションが続かない」という悩みを抱えてやってきます。そういう方々も、自身のことをよく「だらしない」と言うのです。

彼ら彼女らを見ていて確信するのですが、自分でやると決めたダイエットが続かないというだけで、その人をだらしないと決めることはできません。本当にだらしない人は、仕事で成果を出すことも、家で家事をこなすことも、お金の管理をすることも、身なりを気にすることも、自分を磨こうとすることもないはずですから。

一般人が行なうダイエットは、平均して女性が4週間、男性が6週間ほどしか続かないといわれています。

ダイエットをしたことがある方なら経験があると思いますが、モチベーションのピークは「ダイエットを始めよう!」と最初に思い立った時。一旦始めるとその勢いから上がっていくことはほとんどなく、あとは下がっていく一方です。

さらに最初の数週間が楽しくもなんともなければ、モチベーションが下がるスピードは増すばかり。毎日しようと決めた運動はサボりがちになり、食べないと誓ったお菓子もコンビニで見つけた新商品に手を伸ばし、気合を入れて買ったエクササイズグッズは部屋の隅でホコリを被っていきます。

多くの人が似たような挫折《ざせつ》経験をしているのに、それを**「だらしない」で片付けてしまうのは、原因究明を簡単に済ませるために根性論に頼っているだけ。だらしない性格のせいにして気合を入れさせたところで、ダイエット迷子の数は減っていない**のです。

# ☆最新医療や科学が通用しないのはなぜか？

「続かない＝だらしない」ではありません。ダイエットに関していえば、実は**自分に厳しく努力が得意な優等生タイプのほうが、むしろ失敗しやすい傾向にあります**（理由は、後ほど詳しく解説します）。モチベーションが続かない〝具体的な〟原因を究明することなく「自分に甘い」「だらしない」「頑張りが足りない」と精神論に結びつけて根性で解決しようとするのは、昭和時代のスポ根のやり方と同じです。

未だにテレビなどでは、スパルタコーチと共に罵倒《ばとう》を浴びながらダイエットする内容の番組があったりしますが、「それが1番効果があるから」ではなく「ストーリーとして面白いから」。観ていて満足感があるかどうかに焦点が当てられているのです。

モチベーションが続かない根本の原因は、だらしない性格ではなく、**自分に合っていないダイエットの「方法」、さらには「目標」を選んでいることにあります。**

人は、子供・大人に限らず、好きなことや楽しいことなど、自分の性格やライフスタイルに合っていることを選べば、放っておいても自然と続けたくなるものです。つまりモチベーションが続かないのは、**やると決めたことが自分の「性格」「ライフスタイル」、もっといえば「体**

**質」に合っていないサイン**であり、どこかから拾ってきたアイデアを「このやり方が自分にも効くに違いない！」と押し付けて息苦しくなっている証拠なのです。

最新医療も科学も、自分だけの正解を見つけるための参考書にすぎません。**そのまま自分に当てはめていい模範解答として扱うのをやめて、「あなたに合っているかどうか」を確かめる時間を持ちましょう。**

## ☆「やる気」は「やる理由」なくして湧き上がってこない

モチベーションという言葉には「動機」「やる気」という意味があります。つまり「モチベーションが続かない」というのは「やる気がなくなってしまった」「動機がなくなってしまった」状況のこと。表面上ではやる気も動機もはっきりしていそうな場合でも、どこかで認識のズレが生じている可能性があるので、あなたがダイエットをやる理由「Ｗｈｙ？」を深く掘って理解することが大切です。

まず、「なぜその目標でダイエットをするのか？」の「Ｗｈｙ？」について考えてみましょう。「Ｗｈｙ？」の答えを探す際に、英語ではよく「**want**」と「**need**」を区別して考えます。**wantはただ単に「やりたい」で緊急性は低いもの。一方でneedは、自分が生きるために必要としていることで「やる以外の選択肢がない」という状態のもの**です。

「やせたい」の例でいえば、ファッションを楽しみたかったり、モテたいからやせたいというのはwant。夢を叶えるために必要だったり、健康診断で病気になるリスクがあると分かったりしてやせたいのはneedです。needのほうが動機としては強い、つまりはモチベーションも高く続きやすい傾向があります。

**モチベーションが続かなくて悩んでいる人は、want寄りの動機でダイエットをしている**のです。人それぞれの優先順位があるのでそれ自体は悪いことではありませんが、needでダイエットをしている人とは、生活の中でのダイエットの優先順位が全く異なることは頭に入れておくべきでしょう。

## ☆「外的動機」の場合は、そのまま続けるのは危険

**人を行動に移させるための動機は、「内的動機」と「外的動機」という2つにもわけることができます。**

**内的動機は、その「行動自体」が楽しいから、やりたくて仕方がないと感じるタイプのモチ**

**ベーション。**あなたの心がやる気の源です。無給でもやりたいと思える仕事や、目的地がなくても楽しめる散歩がそれに当たります。

運動を例にいえば、毎日10km走るのを何年も日課にしていたり、時間さえあれば1日2回でもジムに行きたいと思ったりするような状態がその典型です。「やらなきゃいけない」ではなく「やりたくて仕方がない」という表現がピッタリくるでしょう。周囲の人からすれば「なんでそんなに続くの⁉」と思ってしまうようなことも、楽しそうにやってしまうのです。

このタイプは、怪我《けが》をしていたり、1日の終わりにすごく疲れたりしている時ですら、運動しようとします。むしろ、疲れている時こそ「運動して発散したい！」と思うのではないでしょうか。運動している最中の熱中するような気持ちが好きで運動している。これが内的動機のモチベーションです。

一方で**外的動機は、その行動から得られる「結果」が欲しいから頑張るタイプのモチベーション。**結果（＝報酬）がやる気の源です。生活費を手に入れるために好きでもないけれどやる仕事、目的地に行くための歩行、やせるためにする運動などが外的動機による行動です。

ダイエットの場合、運動は「○○になりたい」という結果を得るための手段でしかないので、運動しないで同じような結果が得られるのであれば別の手段を選ぶはずです。やせサプリや、やせグッズに引っかかりやすいのはこのタイプ。

内的動機と外的動機の大きな違いは、メリット（＝喜び）を感じるまでの時間です。運動そのものが好きで続けている内的動機タイプは、運動をしている最中にすでにメリットを感じています。もしかしたら「仕事終わりに走りに行こうかな」と考えている時には、もうウキウキが始まっているのかもしれません。

このタイプは、運動に対するモチベーションで心配することはないはずです。むしろ、やめるべき時にやめられないほうが問題かもしれません。食事に関しても同様で、健康的な食生活をすること自体が楽しいので、自炊を楽しみ、レストランでも率先してヘルシーメニューを選ぶでしょう。

一方で、結果のために運動する外的動機タイプは、実際に結果を得るまでメリットを感じることができません。運動をしている最中に「早く終わりたい」と感じたり、「あとで走りに行かなきゃいけないな」と考えて気が重くなったりするでしょう。食事でも「罪悪感がないように我慢《がまん》してヘルシーなのを選ぼう」と考えます。

ダイエットは報酬を得られない時間が長くなりがちだからこそ、結果が得られるまでの期間が分かりやすい「2ヶ月でマイナス5kg」「30日チャレンジ」というような短期間で劇的な変化を生み出すサービスや商品に飛びつきやすくなります。

ここまで見てお気付きかもしれませんが、**ダイエットをしても続かないのは外的動機タイプ**です。もちろん、外的動機のままでも継続することは可能ですが、**それができるのは相当強いneedや外からの圧力が必要**でしょう。

私が指導をしていても、「多くの人に見られる仕事が入った」「プロアスリートになって活躍したい」くらいの強いneedがないと、なかなか継続にはつながらないように感じます。

**もしあなたが「want×外的動機」の組み合わせタイプであれば、ダイエットを続けていくためには「どうやったら新習慣を内的動機に寄せて楽しく続けていけるか？」と考えを転換するほうが、現実的な解決策となるでしょう。**

## ☆内的動機に寄せていくのは難しくない

まずは、ダイエットでやろうとしていることが内的動機なのか、それとも外的動機なのかを知る必要があります。例えば、以下のような質問を自分にしてみるのです。

■「運動したらやせるのはどちらかというとオマケで、運動そのものが好きだからやりたい？」Yes（該当《がいとう》する）↓内的動機

■「運動せずにやせられるなら、そっちのほうを選びたい？」Yes↓外的動機

■「健康的な食事を選ぶのは、心も身体も気持ちがいいから？」Yes↓内的動機

■「罪悪感なく食べられて太らないのであれば、ヘルシーな食事じゃなくて構わない？　健康的な食事をしても、心から楽しんではいない？」Yes↓外的動機

■「ランニングを選ぶのは、走っている間に気分がスッキリするのがいいから？」Yes↓内的動機

■「どこかでランニングが、脂肪燃焼に最も効果的だと聞いたから？」Yes↓外的動機

自分の動機の種類を知ることができれば、今後もダイエットに限らず自然と続けたくなる「あなたにピッタリの方法」を見つけるのに役立ちます。

外的動機タイプの場合、いかにして結果を得るまでの道のりを楽しくできるか（＝どうやっ

て内的動機に寄せていくか？）を探していく必要があります。科学的根拠や効率はいったん置いといて、自分の性格やライフスタイルに合うことを優先してやるようにすれば、次第にそれがライフスタイルの一部となって内的動機に近づいていくことができます。

運動を例にすると、まず**運動の種目やタイミングを変えることが考えられます。**ジムに行くハードルが高いなら、散歩に出かけることから。心臓がバクバクする運動が嫌いなら、まずは低強度の運動から。「歩くのすら嫌い」というほど運動嫌いだったとしても、ディズニーランドに行けば一日中楽しく歩けてしまう人も多いでしょう。

自分の好きなことから好きな方法で始めてみると、嫌いだと思っていた運動も実は「好きでもないことを強制的にやらされるのが嫌いだった」というだけだったことが分かるのです。ちなみに日本では、体育の授業がきっかけで運動嫌いになる人が多いという悲しい現実を、耳にしたことがあります……。

人と何かをするのが好きな人は、**友達を誘って一緒に運動するのもいいでしょう。**一緒に運動してくれそうな友達を探すのが難しい場合は、スポーツクラブで集団で受けるレッスンを申し込んだり、ＳＮＳで見つけたランニングのコミュニティに参加したりも、アリです。新たな友達をつくって、おしゃべりしながら運動して、楽しくアクティブな趣味になっていくはずです。

**運動をする時に見逃しがちな感覚の変化に注目してみるのも大切**です。食事が美味しく感じたり、睡眠の質が上がったり、疲れにくくなったり、肌の調子が上がったり……。運動していなかったら感じられないことがたくさんあるはずです。「あー、運動した、おしまい」ではなく、「そういえば運動し始めてから、こういう変化があったなあ」と身体や心の変化に意識を向けてみましょう。

私の知り合いにボクシングの世界大会で3位に輝いた女性がいるのですが、彼女は「もともとボクシングを始めたのはダイエットがきっかけだった」と言っていました。楽しくて続けてたら通う頻度も上がって、上達していってニュージーランド代表にまでなってしまったそうです。好きこそ物の上手なれとはこのこと。

外的動機から内的動機へ、wantからneedへ変わっていくと、新習慣が生活の軸になっていくのです。

## ☆「嫌なことはやらない」を徹底する

新しい習慣をライフスタイルの一環にしてモチベーションを保っていくために必要なのは、「嫌だなあ」「やりたくないなあ」「気が重いなあ」と思うことを徹底的になくすこと。**自分の心や身体が喜ばない方法を、ふるいにかけて落としていく**のです。

そうしたら、楽しくて続けたくなるような習慣だけが残ります。「最新科学」だの「○○大学が証明した1番効果的な運動」だの、そんな細かいことは一旦忘れましょう。科学的根拠は大切ですが、**どれだけ科学的に保証された効果的な運動だって、続かなければ意味がない**からです。

好きでもない野菜を無理やり口に詰め込まれたらもっと嫌いになっちゃうのと同じで、やりたくもない運動を強要していたら運動嫌いになります。

私も小学校の時、給食のプチトマトを食べるまで昼休みに遊びに行かせてもらえなかった思い出が原因で、今でもプチトマトが苦手です……。たとえそれが大好きな食べ物だったとしても、「今日から毎日、夜8時までピザしか食べない生活を続けてください」と言われたら、最初の数日は嬉しいかもしれないけれど、数週間後には「もうピザなんて見たくない」となりますよね。

それと同じで、もともと運動好きの人だって「毎日絶対に最低10km は走りに行く」なんてルールをつくって、自分の体調やスケジュールを無視して続けていたら、運動をするのが億劫《おっくう》になってしまいます。

「気合が足りない」「やる気がない」「だらしない」と、自分を責めるのは逆効果。嫌々やっていることが続かない、特に楽しんでいるわけでもないから続かない、というだけなので、「自分に向いてないな」「やってても苦しいだけだな……」と思うならスッパリやめちゃいましょう。

今の時代、**同じ目的地に辿り着くのにもたくさんの正解があり、他のやり方を探ってみても何の問題もありません。**3日坊主でもいい。とにかく1回やってみる。続かなかったら「やってても楽しくないし、自分には合っていない方法なんだ」と諦めて、すぐに別の方法を試していきましょう。世界で一人だけの自分に合った正解は、トライ&エラーを繰り返した先にあるのです。

私たちは一人一人違うのだから、他人と自分で続くやり方が異なるのはごく自然なこと。自分にとっての正解を見つけるまで、何度でも方向転換をして試行錯誤していきましょう。

ダイエットの悩み 2

# 「頑張っているのに結果が出ない」を攻略する

## ☆努力するほど、方向性が間違っていることに気付けなくなる

頑張っているのにその努力の量に見合った結果が出なくて悩んでいる人たちは、「頑張れば絶対に結果が出る!」「努力は必ず報われる」と信じてダイエットに励んでいる人たちではないでしょうか。「雨垂《あまだ》れ石を穿《うが》つ」「一寸の光陰《こういん》軽んずべからず」ということわざが日本でも語り継がれてきたように、私たちの社会では勉強や仕事やスポーツの場面で、努力が美談として語られることもしばしばです。

しかし、ダイエットにおいてはこうしたメンタリティが通用しない場面によく出くわします。高校までスポーツや勉強を努力の量で勝負してきた私も、同じメンタリティでダイエットをして**この落とし穴にハマりました。**頑張っているのに結果にならないもどかしさから、だんだん躍起《やっき》になっていき、片っ端からなんでもダイエットを試すようになってしまったのです。

当時の私が知らなかったのは、**ダイエットの失敗・成功は「始まる前から」決まっている**ということ。頑張りが足りないから結果が出ないのではなく、努力の方向性を間違っていたことに気付かなかったのです。当時の私は「とにかく頑張れば結果になるだろう」と「頑張ること」を軸に目標に向かって全力疾走していたのですが、そもそも「何年もかけてついてしまった脂肪を、たった数ヶ月で落として元通りにしようとすること」や「自分とは全然体質もライフスタイルも異なる芸能人みたいな身体を目指すこと」という**方向性自体が間違っていたことに気付かなかった**のです。

努力の方向性は、「ダイエットを始めよう！」と意気込む時にはすでに決まっています。スタート前の段階で方向性を間違うと、その先の努力の方向性全てが間違ってしまい、どれだけ頑張っても目標に到達できなくなります。

北極に行きたいと思っている人が、西に向かって全力疾走するようなもの。目指しているものが間違っている限り、そこにどれだけ一生懸命努力の量を重ねても結果にはつながらないのです。

あなたのこれまでのダイエットで結果が出なかったのは、頑張りが足りないからではなく、その頑張りの方向修正が必要だっただけかもしれません。

## ☆「即やせ」がどうして失敗を招きやすいのか

例えば「即やせ」はダイエットでよく登場するキーワードですが、多くの人が努力の方向性を間違えるきっかけになっています。短期的に劇的な効果が出る方法がいかにも正しいような気もしますが、1年以上で見てみれば長期的に失敗・リバウンドにつながるものになりやすいのです。

その理由は、**即やせは長期的に続くようには設計されていない**から。成功の定義も「2ヶ月で5kg減らすこと」などと、**1年以上先のことには触れていないことがほとんど**であり、とにかく短期間に数字で結果が出ることに焦点が当てられています。その後にリバウンドしようと、ダイエット開始時よりも体重が増えてしまおうと、関係なく〝成功事例〟として語られるでしょう。

こうした短期間での劇的変化をうたうメソッドは、エビデンス（科学的根拠）に使っている研究も、８週～16週間で調べたものが多く使われています。

しかし、強い薬には強い副作用がついてくるのと同じで、**短期間で体重やライフスタイルを大きく変えようとすると、身体的にも精神的にも大きな負荷がかかります。**一時的に体重は落ちるかもしれませんが、長期的にはホルモン・代謝・筋肉量に悪影響が生じてしまうリスクがあるのです。つまり、今即やせすることは、未来で太りやすい身体になる可能性があるということ。

これから先数ヶ月のことしか考えずに目標を設定すると、未来の自分が借金を抱えることになりかねません。そんな**〝努力〟でダイエットとリバウンドを繰り返すことで、どんどん「頑張ってもやせにくい身体」が出来上がっていくことも。**こういったリスクや副作用は、紹介されることはほとんどありません。薬には必ず副作用の説明が入っているのに、ダイエットサービスにはその義務がないのです。

即やせ情報を見た時は、飛びつく前に「そうか、２ヶ月でそんなに結果が出たのか。で、その後の1年はどうなったの？」と疑問に思って、調べたり問い合わせたりする癖をつけるようにしましょう。

## ☆ 1週間で落ちる2kgは、脂肪ではなく「水分」と「胃腸の中のもの」

即やせダイエットで人気なのが、ファスティング（断食）や糖質制限。これらをやると1週間たらずで2〜4kgほど落ちたりします。

しかし実は、落ちた体重のほとんどは脂肪ではないのをご存知でしょうか。**人間の身体は1週間でそれほどの量の脂肪を、自在に減らしたり蓄えたりできるほど効率よくできていません。**落ちた分のほとんどが脂肪というのは生理学的に不可能なことで、そんなことができるくらいの身体だったとしたら、これまでの歴史上の飢餓《きが》を乗り越えることはできずに、人類はとっくに絶滅していたでしょう。

**1〜2週間で見られる体重計の数字の変化は、ほとんど水分と胃腸の中のもの**です。

胃腸の内容物は、腸内細菌だけでも1・5kgほどあり、消化中の胃・小腸・大腸のものまで合わせれば5kgほどもあるといわれます。口に入れるものが数日減れば、それだけでマイナス2kgなんて簡単に達成できてしまいます。

また、サウナに入ってたくさん汗をかいたり、トイレに行く回数が減るように水分摂取を抑えれば、脱水になってあっという間に2kgは減量できるでしょう。

ファスティングや糖質制限をした時に、見た目にも体重計にもすぐ変化が出るのは、胃腸の中味が減るのと、一時的な脱水でむくみが減るからです。

こうした強引なやせ方（というより、やつれ方）をすると、**肌の水分が減るのでシワが増えることもありますし、**継続することで「栄養が入ってこなくなった」と身体が飢餓に備えて**代謝を下げ始めるという副作用がついてきます。**身体のプロでも細心の注意を払いながら扱うメソッドなので、一般の方が「流行っているから」と気軽に始めるのは、長期的に見ればかなり危険でデメリットのほうが大きいでしょう。

## ☆ダイエット産業が巨大化したのは、成功しにくいから

ダイエット業界にはこうした誤解を招くマーケティングが蔓延《まんえん》していて、長期的に失敗を繰り返す人々を生み出しながら急速に膨《ふく》れ上がっています。ダイエット市場は日本だけでも2兆

円規模、世界では34兆円（2270億ドル）といわれる規模まで大きくなりました。甘い言葉に振り回されて努力の方向性を間違えている人が、頑張っているのに結果が出ないサイクルにハマっているのです。

ダイエットでリバウンドを繰り返して将来的にやせにくい身体になると、結果として「やせたい需要」は増え、ダイエット産業は成長します。実際にあった例でいえば、短期間で結果を出すことをモットーとしていたパーソナルトレーニングの会社が、サービス利用後にリバウンドした人に対しリバウンド割引を用意して待ち構えていました。割引ありでセッションを受けられたり、プロテインなどの商品を割引価格で購入できるようにしていたのです。こうしたビジネスモデルは、ダイエットに失敗する人達のおかげで成り立っています。

考えてみてください。もし長期的にダイエットに成功する人が9割だったとしたら、業界はこんなに儲《もう》かっていないはずです。本当に人々の幸せを考えるのであれば、私たちは「ダイエット業界が成り立たない世界」を目指すべきなのです。

## ☆脳は短期間で結果が出ることを求めるようにつくられている

そもそも、どうして多くの人たちは何年もかけて育った脂肪を、たった数週間で落としたいと躍起《やっき》になるのでしょうか？　あの謎の焦《あせ》りがどこから来ているか、考えたことはありますか？

一大決心して劇的にやせようとする前に、「なんで『劇的大変身』が魅力的に感じるのか？」「なんでゆっくり持続可能な変化じゃ嫌なのか？」と一度考える時間をつくってみましょう。

早くやせたい気持ちの「Ｗｈｙ？」を考えて努力の方向性を見直すうえで、樺沢紫苑先生が定義していた３つの幸福が参考になります（下の図１）。

**私たちの脳に幸せを感じさせるのは、３大幸福物質（セロトニン、オキシトシン、ドーパミン）の働きです。**

**図１　３つの幸福**

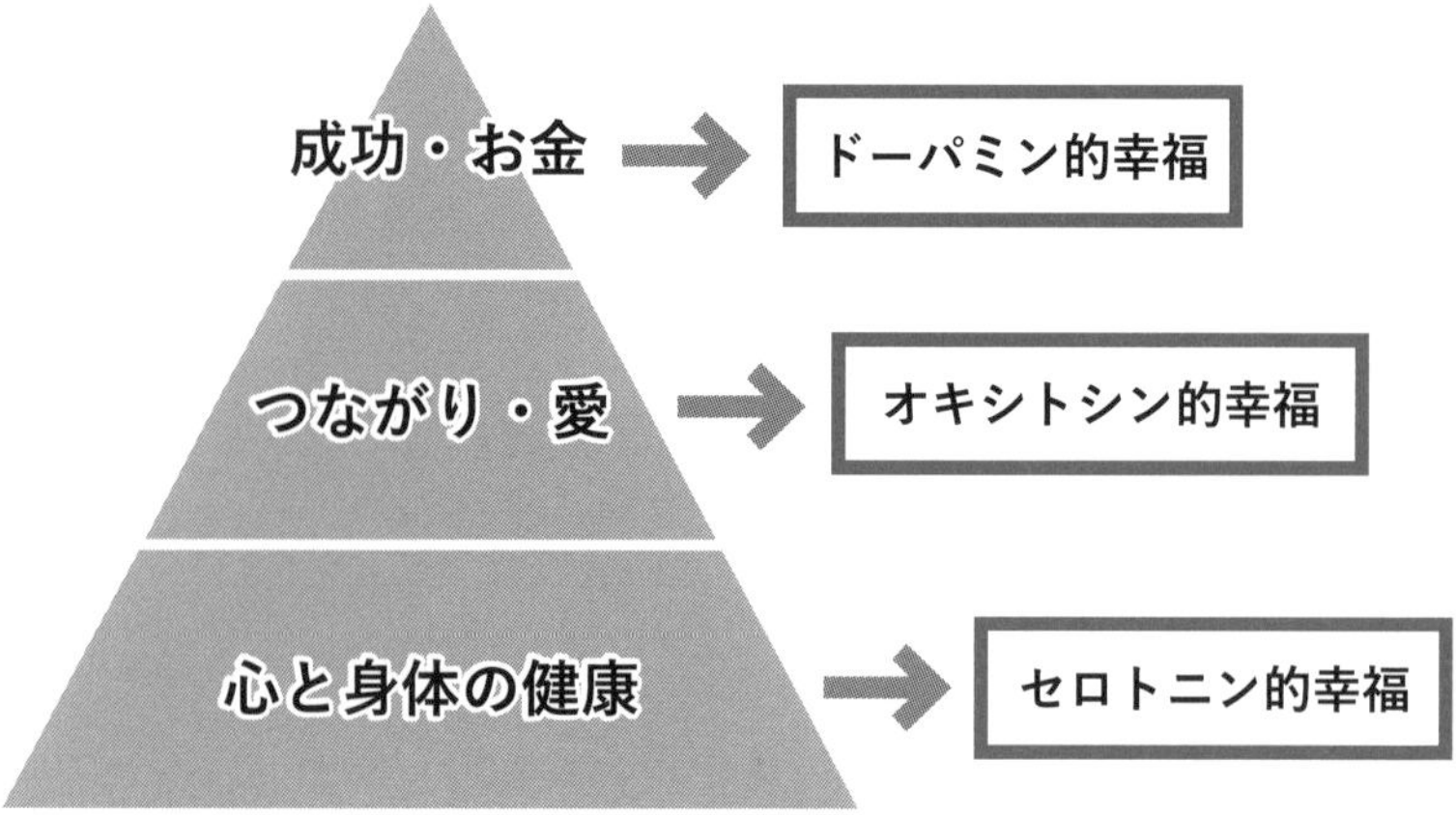


出典：『精神科医が見つけた ３つの幸福 最新科学から最高の人生をつくる方法』（樺沢紫苑／飛鳥新社）

セロトニン的幸福とは、健康の幸福のこと。心と身体の健康のことであり、幸せの基盤になるものです。

オキシトシン的幸福とは、つながりと愛の幸福のこと。友情が芽生えているなど良好な人間関係が構築できている時や、コミュニティへ所属した時に感じるものです。

ドーパミン的幸福とは、お金と成功の幸福のこと。達成、富、名誉、地位などを得た時に感じるものです。

セロトニン・オキシトシン的な幸福というのは、「リラックス」「楽しい」という気持ちでゆっくり長続きしますが、ドーパミン的な幸福は花火のように打ち上がって短時間で消えていきます。

**「即やせ」を求めたくなるのは、ドーパミン的な幸福を追い求めているから**です。朝の体重計の増減で一喜一憂したり、誰かに言われる「やせた？」でダイエットの効果を確認するのも同様です。瞬時に強い気持ちが生まれるので、その感覚に依存した状態に近いダイエットになってしまいます。

世の中のサービスは「すぐに、簡単に、劇的に」コンプレックスを解決できるように夢見させてくれるものが横行しています。グングン英語が上達するとか、簡単にお金持ちになるとか、

1日1分やるだけで即やせするとか。

しかし本当は、ドーパミン的幸福をもたらす方法で、人々の依存を誘っているだけ。ドーパミン的幸福を求めている人たちが失敗を繰り返してお金と時間を注ぎ込むように、ダイエット商法の多くは仕組まれているのです。

英語にはNothing is a quick fix.（世の中には簡単に即解決できるものなんてない）という格言があります。短期間の大変革より、長期間の小改革の積み重ねが好ましいでしょう。**ダイエットにおいても、長く続く幸福を選ぶのであれば、セロトニン・オキシトシン的幸福を最優先に考えるべき**です。何年もかけて蓄えた脂肪を、たった数週間で解決しようとしてしまう自分の心に「Ｗｈｙ？」を問いただしてみてください。

## ☆バズっているから「効く」ではなく「だまされる可能性が高い」が正解

早く結果が出る方法が、1番いい方法というわけでもありません。**どれだけ短期間で効果が出ても、長く結果が続かなければ、それまで注いだお金も時間も無駄に終わる**からです。

私がダイエットのために借金をつくって数ヶ月間エステに通った時は、プログラム終了時にビフォア・アフターの写真で自分の成果を褒《ほ》められたのですが、やめたら数週間で元の身体に戻ってしまいました。

以前と変わらぬ身体と共に残ったのは、それから6年間毎月口座から引き落とされる支払いのみ……。自業自得なのは確かですが、「やめたら身体は元に戻ります、となぜ最初に言ってくれなかったのか?」と、行き場のない怒りを誰かにぶつけたくなりました。

通う前に「その後はどうする?」という視野を持っていたら、そのお金と労力を別のことに使うために思いとどまっていたことでしょう。

「即やせ」「これをやるだけ」「1ヶ月で○kg減」といったキーワードのダイエット情報を参考にしてリバウンドしたり、私のように心や身体に支障をきたしたとしても、現在の法律ではその情報発信者やサービスに責任が問われることはほとんどありません。

**SNSでは野放し状態になっていて、専門知識のないインフルエンサーが「バズりやすい内容」を優先して発信をしていますし、「バズっているなら効くに違いない」とさらに飛びつく人を増やしています。**「バズるために積極的に使ったほうがいいワード50選」なんて情報（バズワードリスト）も出回っているくらいです。

「即効性がある＝いい方法」という概念は捨てて、本当に自分が必要な情報にありつけるようになりましょう。あなたが自分の「Ｗｈｙ？」とまっすぐ向き合って冷静になることで、多くの甘い言葉の誘惑にフィルターをかけられるようになります。繰り返しになりますが頑張っても結果が出ないのは、あなたの頑張り具合が問題ではないのです。

ダイエット情報で使われやすいバズワードの一例はこちら。まだまだたくさんありますが、代表的なものはこちらで、それ以外は近い意味で別の言い方になっているものが多いです。

「これだけでＯＫ」「ズボラでも大丈夫」「超簡単」「たったこれだけ」「１日○分やるだけ」「即やせ」「マジで」「ヤバい」「本当は誰にも教えたくない」

ダイエットの悩み 3

# 「我慢がストレスになって爆発してしまう」を攻略する

## ☆制限・我慢・気合は「3大間違いダイエット」

「ダイエット＝制限」という考えで自分の欲を押さえつけ、我慢がないと成り立たないルールを設定し、気合で乗り越える。頑張り屋さんが得意なこのスタイルは、スタート直後から失敗まっしぐらの方法です。

制限・我慢・気合の3本柱でダイエットをしていると、ストレスが溜《た》まってどこかで爆発してしまうのも当然のこと。自分の心を檻《おり》に入れて無理やり押さえつけるような生活をしていては、長続きするはずがないのです。

**体重の動きというのは、減量フェーズの後に必ず維持フェーズがあります。**飛行機のように機体が離陸して上昇している時期と、その後にたまに乱気流に揺らされながらも高度を保つ時期と考えてください。ダイエットの場合の乱気流とは、体調不良や行事イベント（食べる量が増えがちな飲み会など）で、普段の食生活やルーティンが崩れる時のことです。

しかも、減量フェーズ（数週間〜数ヶ月単位）より維持フェーズ（半年〜年単位）のほうが、圧倒的に長いことを忘れてはいけません。

でも、短期的な視野でしかダイエットを見ていない人は、離陸のことしかプランに入っていなくて、飛び続けることがすっぽり抜け落ちていることがあります。「どうにかしてやせたい」という人に「その後は？」と聞くと、「考えたこともなかった」とか「頑張る」という曖昧な回答をするのです。

どれだけ身体を優先にした生活をしていても、乱気流は必ず起こります。体調不良は意図しなくとも突然やってきますし、人との交流を避け続けるライフスタイルは精神的・社会的に健全だとはいえないでしょう。ですから、乱気流に備えてその都度対応していけるライフスタイルを考えることが大切です。

減量フェーズだけしかプランに入れずに、我慢やルールでガチガチに固めると、乱気流の対策がないため、お祝いごとや自分の誕生日でも来ればあっという間に墜落《ついらく》してしまいます。

考え方を逆にして、**まず維持フェーズを基盤に、つまりは乱気流があること前提で理想のラ**

**イフスタイルをイメージするのです。それから現実的な減量フェーズを加えること。**そうすることで、我慢や制限ばかりでストレスが溜まるような生活から抜け出せるようになるでしょう。

## ☆ 人間は「厳しさ」を「えらい」「感動する」と変換しがちな生き物

制限・我慢・気合の3大間違いに走ってしまう人は、自分に厳しいのはえらいことだと思っていないでしょうか。**私たちは苦しさの先にある成功に心を動かされやすく、**苦しい時も頑張って成功したというストーリーは、映画などでも使われる感動的なシナリオです。

反対に、ラクして成功していたり、楽しみながら成果を出す人には嫉妬《しっと》の目が向けられることも。だから多くの人が「厳しいダイエットはよい」という考えで、「苦しさの先に手に入れる理想の身体」というストーリー性のある道を選んでしまうのでしょう。

しかし、ダイエット迷子から抜け出すためには、その概念を捨てる必要があります。**厳しいルールに囲まれたライフスタイルは続きません**から。

例えば、2ヶ月間ずっと我慢や制限ばかりのダイエットを選ぶ人は、それから10年先までそのやり方を続けている自分が想像できるでしょうか？　仮に続けられたとして、そのダイエットによってあなたの人生は本当の意味で幸せになっているのでしょうか？　10年とは、赤ん坊が一人生まれ、小学校4年生になるまでの時間です。そうやって自分を縛り付けてまで理想の身体を求めて、あなたはいったいどんな幸せの形を追っているのでしょうか？

ストレスが溜まらない新習慣をつくっていくためにも、「厳しい＝えらい」の概念なんて吹っ飛ばして、10年先の生活まで考えながら自分の心や身体に耳を傾けてあげましょう。迷った時は「この新習慣は、これから10年先も続けられるか？」と自分に問いただしてあげることです。

## ☆まじめ・優等生タイプほど失敗しやすい「5つの落とし穴」

意外に思われるかもしれませんが、「努力家」「まじめ」「コツコツ」という言葉は長期的な目で見れば、ダイエットの成功とはあまり関係がありません。その証拠に例えば、有名な大学を出ていたり、キャリアの階段を順調に上ってきたエリートなど、勉強や仕事やスポーツで成果を出してきた人たちも、ダイエットに失敗しているからです。

こうしたまじめ・優等生タイプは、以下の**「努力家であるがゆえの落とし穴」にハマってし**

**まいがち。**この落とし穴に陥ると、一生懸命頑張っているのにすぐに成果が出ないことに、精神的な限界を感じやすくなるのです。

**①基準を高く設定しがち**
**②自分を褒めるのが下手**
**③白黒はっきりさせる（＝達成できないならやらない）**
**④目標のためならいくらでも我慢できる**
**⑤今日の幸せを犠牲にして未来で幸せになろうとする**

それぞれを詳しく見ていきましょう。

①基準を高く設定しがち⬇「週1～2回から運動を始めましょう」と言われれば、週2～3回からスタートして〝平均点越え〟を目指す
②自分を褒めるのが下手⬇自分で自分のことを

褒めるのが苦手で、誰かが褒めてくれなければ、たとえ小さな進歩があっても「これくらいのことはできて当たり前」と思って素通りしてしまう

③白黒はっきりさせる⬇気合を100％入れないと始められないような難易度で目標を立てるので、いきなり「毎日1時間ランニングする！」なんて厳しめの設定をしてしまう。「今日は疲れているから20分だけでも歩こうかな」などと融通を利かせるのが苦手

④目標のためならいくらでも我慢できる⬇目標達成時に感じる強いドーパミン的幸福の成功体験をしてきているので、その達成感のために人よりも我慢を積み重ねる方法を選んでしまいがち

⑤今日の幸せを犠牲にして未来で幸せになろうとする⬇歯を食いしばった後に成果が出ると信じていて、学校のテスト勉強のようなやり方でダイエットをしてしまう

## ☆「未来のための努力」より「今を幸せに」を考えるべき理由

**「今苦しい努力をしていれば、その先に美しい未来が待っている！」と自分の身を削ってでも成果を追いかける姿勢が、鬱《うつ》・適応障害・過労死・摂食障害といった副作用を残し、今日の幸せだけでなく未来の幸せまでも奪ってしまいます。**そんな形の努力でダイエットすることを、

本当に「自分磨き」と呼んでいていいのでしょうか?

今日の幸せを選ぶことは、自分を甘やかすことではありません。「努力」という名目で自分をいじめないことだったり、厳しいだけの我慢をやめることだったり、自分に合っていない〝期待〟を無理やり自分に押し当てるのをやめることにもつながるのです。こうして今日の自分も未来の自分も傷つけないように、大事に扱えるようになります。

**選択肢がたくさんある今の時代、今の自分も未来の自分も幸せにしながら目的地に着く方法は、星の数だけあります。**あなたがダイエットを始めてもストレスで爆発してしまうのは、「今日苦しんでボロボロになる努力をしないと、明るい未来を築けない」なんて考えで、自分の心が悲鳴をあげているサインなのではないでしょうか。

今〝自分のために〟やっていることが、心にも身体にもストレスになっているのなら、いくら結果が出るとしても他の方法を探すべきです。なぜならば結果が出たとしても心は満たされることはなく、幸福感を味わうことが永久にやってこないから。長続きもしないでしょう。

そんなやり方で前に進んだって、未来のあなたもまた、さらに先の未来のことを見て「もっと未来の自分ために頑張らなきゃ」って言っているでしょう。今日の自分を幸せにできない人は、そのまま未来に行ったって、ただただ「今」に満足できない人にしかなれないのです。

**本当の自分磨きは、「未来の自分を幸せにするために、今を1番大切に生きて、今日の幸せを積み重ねる練習をする」と考え方の転換をするところから始まります。**

## ☆憧《あこが》れの有名人の体型を目指す結果の悲しい末路とは？

やる気満々の頑張り屋さんがよくやるのが、「憧れのあの人のSNSをフォローして、モチベーションを上げよう！」と、モデルや芸能人を参考にすることです。そういう人のほとんどは、実際にモデルとして仕事をしたいわけではありませんが、「私もモデル体型になりたい」という目標を立ててしまうのです。

このように「自分のダイエットのモチベーションになるから」といって理想の身体のインフルエンサーをフォローすることを、fitspo（フィットネス・インスピレーションの略）と呼びます。一見健全そうなこの行為も、画像を見た後に気分の落ち込み・不安症・鬱・自虐行為につながっているというデータがあります(1)(2)(3)。

つまり、「あそこまで実際になろうとは考えていない」と思っていても、日常的にSNSでインフルエンサーや芸能人と自分を比べている限り、心に悪影響があるということなのです。モチベーションになると思っているけれど「あの人に比べて自分の身体はダメだ」という自己否定をしているだけで、自分に対する不満や嫌悪が増えてしまうことがあるのです。気分が沈んだり、やけ食いや暴食をしてしまったり、過剰な運動に走ってしまったり、摂食障害に片足突っ込んだような行動を取ったりするようになります。

そして、自分の写真は加工したものしか受け入れられないようにもなっていきます。芸能人が筋トレしている動画・写真を載せた投稿には「私もダイエット頑張ります!」というコメントが溢れていますが、一見ポジティブな光景の裏側にはこうしたネガティブな影響が隠れているのです。

そもそも、自分とは体質もライフスタイルも異なる人と自分を比べるのは、何のためでしょうか。プロの人たちは、身体をつくることが仕事の一環であるため、身体のケアを優先して生活し、**一般人がする必要のない犠牲を払っています。**名前の知れたモデル・芸能人の方々は、仕事の一環として通うジム・エステ・ケアなどは仕事の経費として事務所が落としてくれることもあるくらいです。

つまり、身体にかけられる時間も財布のサイズも、1日8時間パソコンとにらめっこしなければいけないデスクワーカーなどとは比べものにはなりません。

人から見られているというプレッシャーも、一般人とは異なります。あるトップモデルはドキュメンタリーで、写真集の撮影のために専属のトレーナーをつけてエクササイズ・食事管理をし、撮影の日は朝ごはんを抜いていると発言していました。考えてみればそうですよね。何十万、何百万人の人が自分の身体に注目し、そのプロジェクトでたくさんのお金が動く、と分かっていたら、私たち一般人でも相当のプレッシャーをかけて準備に取り掛かるでしょう。

こうした環境では、**世間に求められる身体をつくるために必ずしも健康とはいえない生活を強いられたり、自分ではコントロールが利かない範囲の制限・我慢・ルールが課せられたりします。**そうやって全く異なる人生を歩む人たちを見ながら、一般人が制限や我慢を積み重ねることに、どれだけの価値があるでしょうか。

**「あの人のようになりたい！」という憧れは「自分は十分ではない」という気持ちの裏返しにもなります。正しく付き合わないと、誰かとの比較ばかりでいつまでたっても自分への不満がやまない無限ループに入ってしまうのです。**

憧れを持つのは悪いことではありませんが、「その憧れが本当に自分の人生をプラスの方向に導いていているのか？」「むしろ人生を振り回されていないか？」と考えてみてほしいのです。

# ☆ストレスが溜まらず「プロセス」を楽しむための秘訣

繰り返しになりますが、「ダイエットをしていることがストレスだ」と感じる場合は、融通を利かせて自分がもっと楽しいと思える方法に切り替える必要があります。武者修行のイメージから、遠足のイメージに切り替えるのです。

先ほどの内的動機にも通じる話になりますが、心も身体もエネルギーが湧いてくるようなプロセスを心がけていると、自然とその習慣が続き、余分なものは勝手に身体から削ぎ落とされていきます。

例えば、自分をおだてるように小さなことでも褒める癖をつけるといいでしょう。子供が初めて立った時、「すごーい！」って言ってあげますよね。立つだけで褒めてあげられる。友達が「運動不足だから一駅分歩いてきた」って言う時も「えらーい！」って言ってあげられます。

**他人にはそうやって小さなことでも褒めてあげられるのに、自分にはやたらと厳しくて、意地悪みたいに褒めてあげないなんてことはありませんか？** ダイエットでストレスが溜まってしまうという人には、自分に厳しい人が多いのです（本人は自分に甘いと思っていますが）。

そこで、**どんな簡単なことでもいいから、できた時は自分のことを褒めまくってあげてくだ**

さい。**褒めすぎで悪いことなんてない**はずです。誰にも迷惑もかかりません。これは学校のテストではなく、自分の人生を今より気持ちよく過ごすための新習慣だからです。**大人も子供も、褒められた時が1番伸びます。**

**「何もしないよりはマシか」という考え方も、持っておくといい**でしょう。決めたことを全部やらなきゃ達成にならないと思っていると、どんどん苦しくなっていきます。運動がどうしても気が乗らなかったら、「代わりに食事はいつもより気を使おう」とか「疲れているだろうから、いつもより2時間多く寝よう」とかでもいいんです。

気合がなくても乗り越えられる選択肢を用意して「何もやらないよりはよかったよ。自分のために何かやってあげた私はえらい！」と褒めることができるようになりましょう。

また、**ペースを落とすのもいいでしょう。**1番続くのは「やれることだけやってまーす。たまにサボってるけどね！　アハハ」と言って、あまり自分に期待しすぎてない人たちです。

逆に「やる気だけならあるから、今日から思いっきりやりたい！　何すればいい？　宿題も全部やるから教えて！　毎日やるから」というやる気満々ガツガツタイプが1番続きません。自分に期待しすぎていて、目標を高く設定しすぎたり、気合を入れないと始められない目標を設定したりしてしまうのです。

週2～3回が理想だと思うのなら、週1回から始めてみる。週3回と決めたのに週1回しかできなかったのなら、その次の週は週2回で褒めてあげる。そうやってゆるめにペースを設定して、自分を褒めてあげる機会を増やしてあげるといいでしょう。

# 第2章

# 不幸に導くダイエットの考え方
# ～「やせ願望」の落とし穴～

――「やせる」と「体重」へのこだわりが招く、悲惨な末路

## ☆同じ努力をしても「幸せになる人」「不幸になる人」の大きな違い

もともと自分磨きの一環としてダイエットを始めたのに、ダイエットをするほど不幸になっていく人がたくさんいます。

それは「自分じゃない誰か」になるためにダイエットをしている人です。そういう人は、自分という生まれ持ったままの特徴を受け入れることを拒み、「今の自分ではない誰かになれば、もっといい人生を歩めるに違いない」という希望を持っています。

理想の人生を歩むために、「嫌いな自分」に「やせた自分」を上書きし、新しい人間として生きいくための方法としてダイエットを選んでいるのです。

英語には Be comfortable in your own skin. というフレーズがあります。直訳では「自分の皮膚《ひふ》の中で居心地よくなりなさい」ですが、「自分のことを受け入れ、自分らしさを誇らしくありなさい」という意味です。

この考え方はダイエットに限らず、自分の人生を生きていくうえで大切なこと。長所も短所も含めてユニークな個性のある自分という存在を拒み、その上にデコボコも欠点もない〝理想の自分〟を上書きしようとしている限り、どれだけ頑張っても心から満たされることはないからです。

同じ努力をしていても幸せをつかめる人は、「自分を磨く」ために頑張っているのは共通するものの、**短所も長所もひっくるめて〝個性ある自分〟をどうやって活かしていこうかと考えています。**世界で一人しかいない、誰とも比べることのできない〝私〟という存在を最大限に活かす方法の1つとして、ダイエットを選んでいるのです。

## ☆心の隙間は、ダイエットで埋めることは不可能

今の自分を消して理想の自分を上書きしたい人は、やせたいという気持ちの裏に「社会に認められたい」という願望が隠れています。

マズローの欲求5段階説というのがあるのですが（p66の図2）、それを使ってやせ願望の「Why?」を深く掘っていくと、自分のやせたい気持ちが健全か不健全か（＝自分を幸せに導くか不幸に導くか）を判断することができます。

**正しい自分磨きのためにやるダイエットとは、「成長欲求」の範囲の話であり、「個性ある自分を〝より輝かせたい〟」という目的**です。

一方、**「欠乏欲求」の範囲にあるやせ願望**は、例えば「太ったと、からかわれるのが怖い」「彼氏にやせたほうがかわいいって言われたからやせる」「世間に申し訳なくて、太い足は見せられない」「あの人を振り向かせたくてやせた」「フラれたから、やせて見返す」という理由のもの。成長欲求とは全く動機が異なります。

下に行くほどダイエットの目的としては不健全で、**この欲求のままダイエットを頑張ると泥沼にハマります。**

欠乏欲求に当てはまる人は、自分の欲求を満たすためにダイエットを選んでいるのかもしれませんが、**「ダイエット以外のもので」その欲求を解決するべきでしょう。心の欠けた部分は、ダイエットなんかでは満たせないから**です。

**図2　マズローの欲求5段階説**

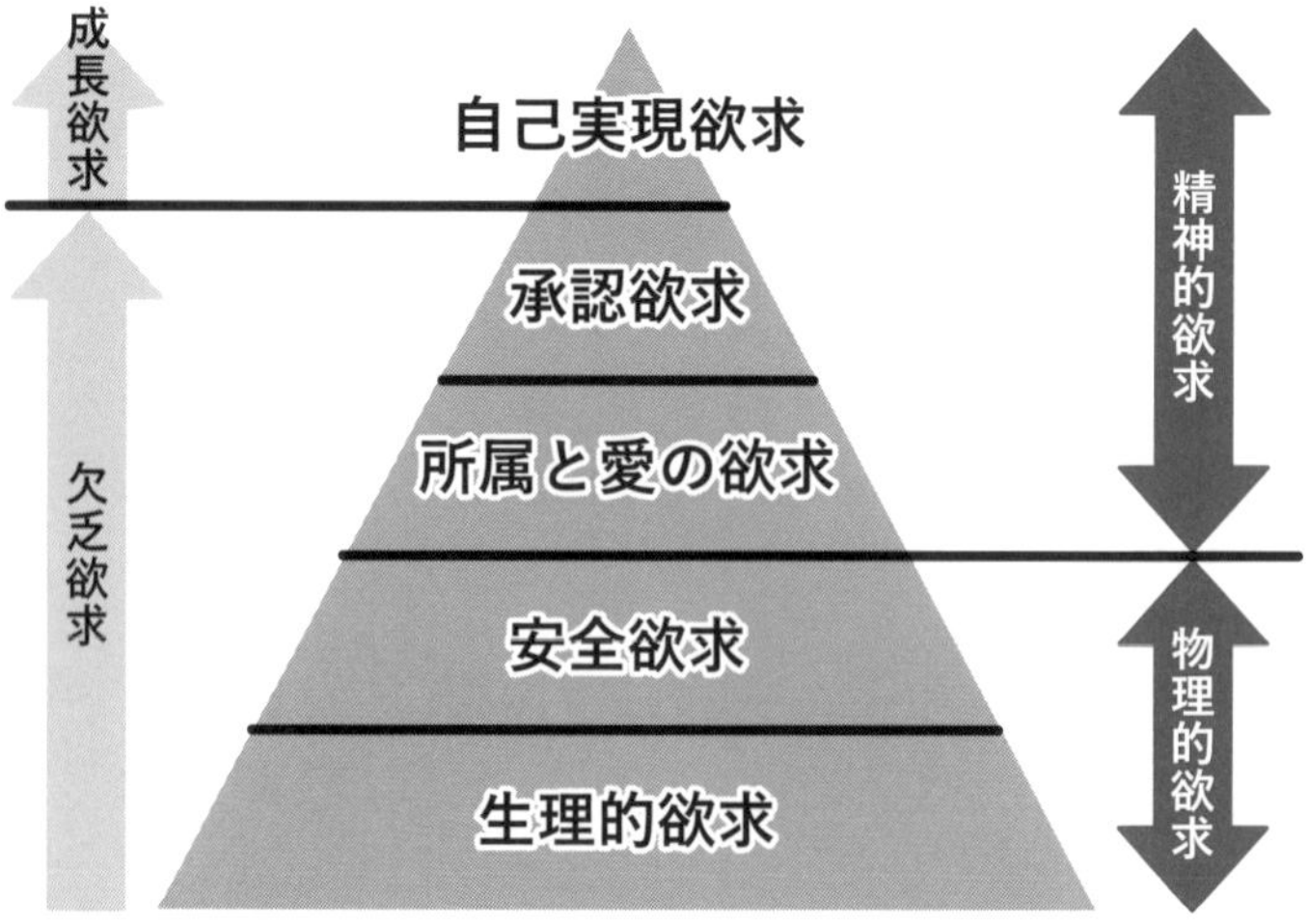

**変わらなければいけないのは、あなたの身体ではありません。**もし自分がやせさえすれば悩みが解決すると思っているのであれば、そんな狭い視野を植え付けた**今の環境から今すぐ抜け出さなければなりません。**カウンセリング、引越し、転職、人間関係の整理、夢、趣味など、その人の置かれた状況によって必要なものは異なりますが、ダイエットではないことは確かです。

こうした欲求の根本的な違いを無視して**「とにかく頑張ってやせようね！」と応援してくる人・サービス・発信も避けたほうがいい**でしょう。心がずっと満たされずにお金を払ってくれるあなたから、お金を巻き上げようと企《たくら》む不健全なダイエットビジネスやそれに関わる人だからです。

身の周りにいる「本当に必要なのって、ダイエットではないんじゃないの？」と聞いてくれる人を大切にしてください。そして、この質問を自分で自分に問いかけられるようにもなりましょう。

「ダイエットしか解決策がない」「自分の身体が変わらないといけない」という狭い視野で凝り固まっていないでしょうか。

ただし成長欲求は、マズローの欲求5段階説によると、欠乏欲求が満たされてから初めて満たされるもの。まずはダイエット以外で欠乏欲求を満たし、その後に個性を伸ばす手段としてダイエットがあるのなら、ダイエットに取り掛かるというのが正しい流れとなります。

社会に認められるようになる前に、まずは自分が自分を受け入れ、認めてあげることから始めてください。

## ☆モテると人生は本当によくなるのか

「異性に好かれるテクニック」という情報は雑誌やWebサイトでずっと人気で、「モテたい」というのは多くの人がダイエットを始める際に、心のどこかで意識していることでもあります。

しかし、**「モテると自己肯定感が高くなる」という発想は、かえって自分を苦しめてしまう**でしょう。「自分が好きな自分」を見つける前に、多くの人から好かれる自分を目指すことになり、心が満たされる基準が見つからないまま他人からの評価ばかり気にして、「他人のために生きる人生」になってしまうからです。

「モテたい」は、「他人から認められたい」という他人主体の自己承認欲求であり、「他人からの評価を高めること＝自分磨き」という考え方が根本にあります。その価値観が当たり前になってしまうと、他人の評価なくして自分の価値を見出すことができなくなってしまい、**自分とは異なる価値観を持つ人の気まぐれに振り回されてしまうようになります。**

たまたまあなたのことを魅力的だと思わない人が言った一言が、グサっと刺さってしまう。**たまたまあなたのよさに気づいてくれない人に否定されただけなのに、全てを否定されたように感じ、自分を変えようとしてしまう。万人に好かれること自体が不可能なのに、**他人からの評価に頼ることが癖になり、自分の評価を全て他人に委ねるようになってしまうのです。

「モテるためにダイエットをする」というのは、他人に評価してもらうために、世間が求める〝理想像〟に自分を上書きしていくということです。「モテたら人生変わるだろう」と大雑把に描いている憧れも、根っこをたどれば、自分が好きになれない自分を、他人から好きになってもらうことで、心の隙間を埋めようとしているだけなのです。

「他人に好かれる言動」や「チヤホヤされる身体」などで自分を着飾ってでも、人に認められようとしていないでしょうか。チヤホヤしてくれる人が増えたって、そんなもので育つ自信は、少し風が吹けば崩れてしまいます。ガタガタの足場に建てた家のような不安定な自己肯定感しか育たないでしょう。

モテて自信が持てるようになりたいと思っている人は、「他人に好かれる自分」の前に「自分が好きな自分」を目指すべきです。自分が受け入れた自分らしい自分でいて、離れていく人がいるのならそれでいい。選ばれようとしなくていいんです。

自分らしい自分を好きになってくれる人といるのが健全だし、そのままのあなたの魅力を分かってくれる人で囲まれた人生のほうが絶対に幸せになれます。あなたは他人のためではなく、自分のための人生を歩み始めるべきなんです。

## ☆数年に一度変わる流行に、一生変わらない体質は追いつけない

人々の描く「憧れの身体」のイメージは、時の流れと共に変わっていきます。

紀元前の石器時代には、脂肪を蓄えていることはむしろ富や多産の象徴として称賛され崇《あが》められていました。出土する土偶からも、ふくよかな女性のものが祀《まつ》られていたことが分かっていますし、ルネサンス時代の絵画に描かれていた女性も、今のファッション誌を飾るようなモデルと比べてふくよかです。日本では、平安美女は「ふくよかで、色白で、細い目をした女性」のことを指しました。

その後、理想の身体のイメージが変わるスピードは増していきます。両親があなたの年齢

だった頃に人気だったモデルと、現在のモデルの体型が異なっていることからも、流行の移り変わりの早さがうかがえるでしょう。

女性の場合、1960年代はミニスカートの流行の影響で「スラッとした脚」が。2000年代にはローライズジーンズでヘソを出すことが流行り、腹筋がうっすら見える「ペッタンコお腹」が。

そして現在はキム・カーダシアンに代表される空前の「桃尻ブーム」です。丸いお尻を強調するジムタイツや、お尻の形が丸く見えやすいハイライズのジーンズに人気が集まり、「桃尻専門」と謳《うた》う筋トレの専門家も出てきました。これまでお尻のラインを出すことはタブーとされていた日本でさえ、スポーツブラにジムタイツでエクササイズをすることに憧れを抱く女性

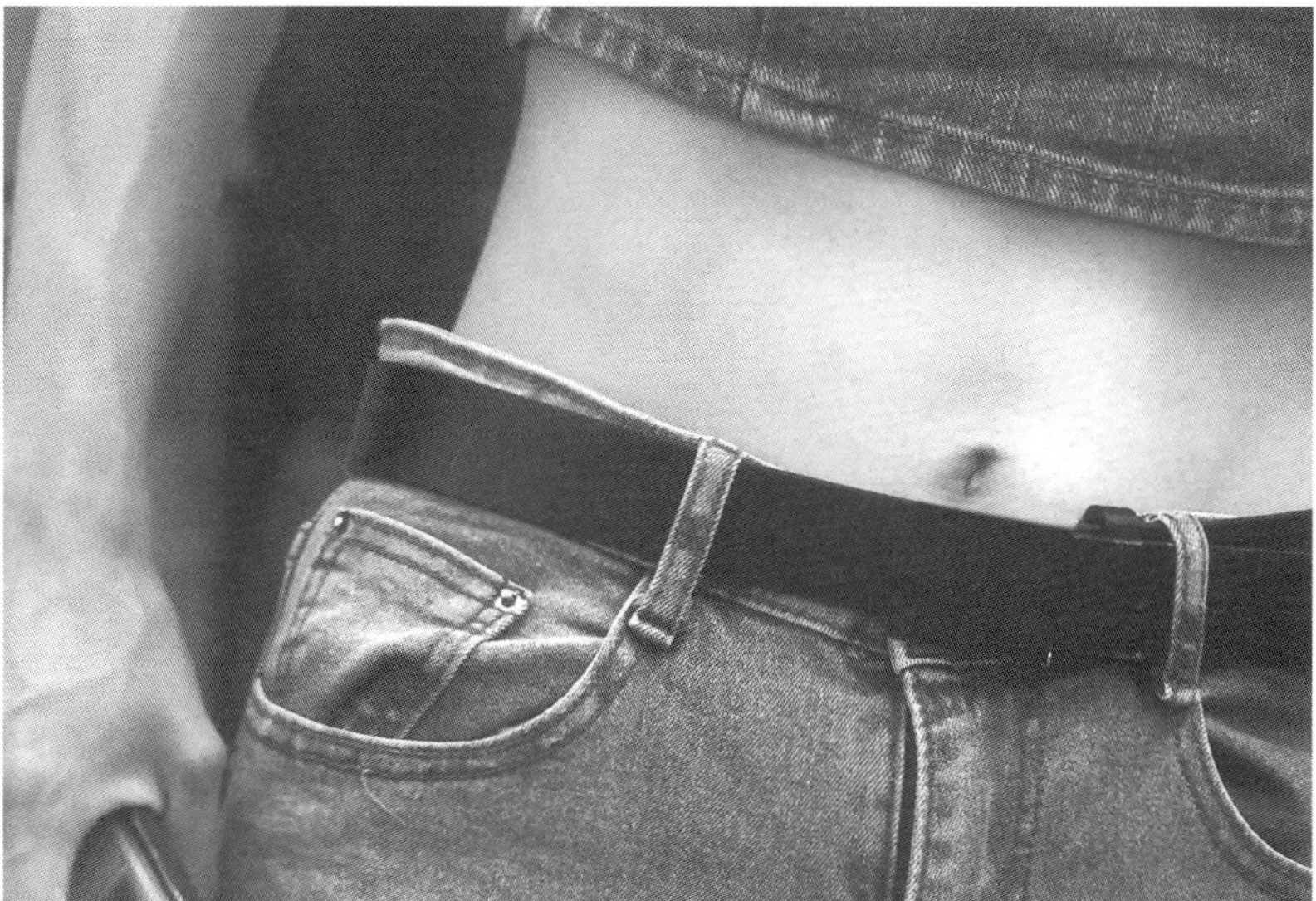

が増えています。

だからといって、こうして**移り変わるトレンドに合わせて身体を変えていくことは、果たして健康的といえるのでしょうか。流行には必ず終わりが来ます。**当然、今の桃尻ブームも数年以内に終わりが来ます（アメリカではすでに細身主義のブームがぶり返し始めている）。

流行に乗って今一生懸命にお尻のトレーニングをしている人は、ブームが終わった後は何を目標にしているでしょうか。流行に合わせて身体を変えた後の生活はどうなっていると思いますか？

流行は自然に発生するものではなく、どこかで誰かが「理想像」を定義して、数年ごとに周囲の反応を見ながらその流行を動かしています。これはファッションやダイエットでも同じで、必ず裏で「流行」という情報を動かしている人がいるのです。

しかし、**身体はファッションのようにシーズンごとに変えることはできません。私たちが生まれ持った遺伝子があり、その人らしい骨格や体型があるからです。**流行に合わせて身体を変えることは、私たち人間にとって不自然であり、自分の生まれ持った身体を乱暴に扱う行為だということに気付かなければなりません。

流行に合わせやすい体質の人がチヤホヤされて、うまく合わせられない人はその流れに一生懸命ついていく。流行が変わったら別の人が脚光を浴びる。人間の身体をそんなブームで消費していていいのでしょうか。

後先考えずに流行の体型についていこうとすると、身体はもちろん心も壊れます。壊れた先で、流行はあなたを置き去りにして移り変わっていくだけです。

**時の流れに左右されないで、自分の体質・骨格・ライフスタイルにピッタリ合った「自分の理想の身体」を見つけましょう。**その時々によって変わる「憧れのあの人みたいな身体」ではなく、これから一生一緒に生きていく、誰にも真似できない「あなたが1番輝く身体」が必ずあるのです。

## ☆摂食障害を次々と告白する憧れのスターやアスリートたち

理想の身体というと、芸能人の身体をイメージする人が多いと思います。みんなの憧れの身体を手にしたら、さぞかし幸せな日々を送れるんだろうと期待していることだと思いますが、現実はそう明るくはありません。例えば、テイラー・スウィフト、レディー・ガガ、セレーナ・ゴメス、アリアナ・グランデ、エルトン・ジョン、アンジェリーナ・ジョリー、サム・スミスといった**名だたる海外セレブたちが、摂食障害の経験を公表しています。**

世界で最も人気のある歌手テイラー・スウィフトは、10代から世間からのファットシェイミング（太っていると人を侮辱する行為）を経験し、極力食べることを避けながらアスリートさながらの運動量をこなしていたことを、自身のドキュメンタリーで公表しました。ライブパフォーマンスのステージ上で失神しかけて、白目を向くショッキングな映像まで流しています。

同じく摂食障害の経験がある女優ジャミーラ・ジャミルは、「セレブが何食べてるかなんて参考にしないで。ほとんどのセレブは摂食障害を抱えています。常に人目にさらされて周囲からのジャッジに怯《おび》える人たちの食生活は無視して、栄養の専門家を参考にしてください。」といったメッセージを出して、みんなの憧れの身体の舞台裏について警鐘を鳴らしています。

日本や韓国の芸能人には、こうした摂食障害の経験を話せる立場にある人たちが、まだほとんどいません。ハリウッドのスターも、トップに上り詰めたからこそ公表できることであって、皆がオープンに話せる環境ではないといいます。

**「人に見られるスポーツ」で活躍している女性たちも、こうした摂食障害のリスクと戦っています。**フィギュアスケート元日本代表の鈴木明子さんは、15歳で全日本選手権4位となり注目を集めた後に18歳で摂食障害になり、一度競技を離れています。また多くの女性ボディビルダーも、自分の身体への満足度の低さとやけ食いの傾向があることが明らかになっています（1）。

晴れ舞台に立つ芸能人やアスリートの身体に憧れを持つ人が多い一方で、こうした陰の部分が話題になることはほんとなく、同じ道をたどっていく人が後を絶ちません。彼ら彼女らが勇気を出して公表した内容の認知が広がることで、人々の心と身体に優しい環境が徐々にできていくことでしょう。

## ☆「恥ずかしい」が人の本能である以上、コンプレックスは永久になくならない

私が過去に芸能人と自分を比べて「自分の身体を世間に出すのは恥ずかしい」と思っていた時、そもそもの発端である「恥ずかしい」という感情はどこからくるのか？と疑問に思ったことがありました。

「太い脚を見せるのは恥ずかしい」「たるんだお腹を見せるのは恥ずかしい」とダイエットに一念発起する話をよく聞きますが、そもそも私たち人間はどうして自分のよい部分ばかり見せたがり、自信がない部分を誰かに見られたらどうしようと不安になるのでしょうか。

心理学では、恥ずかしいという感情（羞恥心《しゅうちしん》）は、社会的動物であるヒトが団体生活で自分の居場所を確保するために必要な警報だと考えられているのだそうです。周囲の評価や信用を失うようなことが起きた時に、「恥ずかしい！」という警報を送って社会に適応しようとする人間の本能なのです。

つまり、自分の身体を恥ずかしいと感じる気持ちは、「この身体では社会に認めてもらえない」「周りにジャッジされるのが怖い」という思考が根本にあるということ。実際に体型のことで誰かに悪く言われた経験が原因とは限らず、テレビなどで他の人がからかわれている状況を見ることで「太ったら周りにバカにされるんだ」という価値観を知ることもあります。

羞恥心を感じること自体は本能なのでなくすことはできませんが、その**「恥ずかしい」という感情をうまくコントロールしている人たちがいます。**それが、活き活きとしている俳優やダンサーなどアーティストの方々です。

私が自分の太ももやそばかすを隠すことばかりに一生懸命になっていた時、そういったアーティストたちはホクロもそばかすも体型も隠すことなく、むしろ個性の1つとしてカメラの前で輝かせていたことに気付きました。「ステージに立つ人たちにはコンプレックスはないのか？」とアーティストたちに聞いてみたところ、共通する返事が返ってきたのです。コンプレックスがないのではなく、自分の欠点だと思う部分を隠すのをやめて、そのままの自分を受け入れてもらえる安全な環境で何度も練習をすると言うのです。何度も受け入れてもらう経験を積み重ねるうちに、「これは恥ずかしいことではないんだ」というのを成功体験から学び、自分の中で欠点と思っていた部分も含めて「これが私」という芯ができてくるのだとか。**そのままの自分を受け入れてもらえる安全な環境、つまり「自分の居場所」を見つけることが大切**なのです。

それを聞いて、私も自分のコンプレックスを隠すのをやめ、個性の1つとして大切に活かしていくように考え方を転換してみました。ダボダボの服を捨てて身体のラインが出る服を着てみたり、自分のコンプレックスを笑ってくる人がいたら離れてみたり、自分を変えるのではなく自分の居場所を変えてみたり。そうやって**小さな成功体験を積み重ねていったら、だんだん自分を受け入れていけるようになっていった**のです。

自分に自信がない人は「世間に欠点を見せたら、世界から全否定されてしまうような恐怖心」を抱えています。だからこそコンプレックスは、ダイエットで取り除くことを目指すのですが、「恥ずかしい」という感情が私たちヒトの本能に組み込まれている限り、一生なくなりません。

1つ取り除いたとしても、今度はまた別の何かが気になってしまうでしょう。整形をする人が、数年後に別の箇所を整形したくなって止まらなくなるのと似ています。

**コンプレックスは、取り除いた時ではなく、隠すのをやめた時に初めて乗り越えることができます。**「欠点がなくなったら、自信がつくだろう」と思っているかもしれませんが、その考え方が根本にある限り、どれだけ身体が変わっても前に進める日は来ないのです。

とはいってもいきなり、ありのままの自分を受け入れることはできないかもしれません。でもその最初の一歩は、自分の居場所を探して、自分のコンプレックスを恥ずかしがらずに済む経験をすることから始まるのです。

## ☆身体に関する話題が出ない環境に身を置くだけでも効果大

こうした内面の試行錯誤を台無しにする一言があります。それが、友人や家族から言われる、「あれ、太った?」です。そのコメントに怯えてダイエットを始める人もいるほどの威力を持つ一言。

しかし、残念ながら**その恐怖心は自分の身体を変えたところで取り除かれるものではありません。**身体についてコメントをしてくる人がいる環境を変えない限り、**一度やせても「最近また太った?」と言われることに怯えるだけ**だからです。

「デブ」「やせろよ」みたいな攻撃的な言葉ではなくとも、太っていると相手に伝えて心を傷つけることもファットシェイミングと呼ばれます。日本をはじめアジア諸国では、挨拶代わりに体型についてコメントをするような風潮があり、心と身体への悪影響が問題視されています。ファットシェイミングに関する研究も多く出てきており、侮辱《ぶじょく》を受けた人は、その後ストレスで体重が増加したり、鬱や摂食障害に発展したりする傾向があることが明らかになっています(2)(3)(4)(5)。

いくら友達だって、いきなり「給料いくらもらってんの?」と聞くのは失礼ですよね。「太った?」と身体のコメントをするのも、相手の心のパーソナルスペースに踏み入り、不快感を与える行為です。

給料の話をしなくても世間話が成立するように、身体の話をしなくても会話は成立するはず。しかし、人の身体のコメントをすることよりもお金のコメントをするほうに、ためらいを感じる人も多いのが現状。なんともおかしな状況なのです。

「太った?」に限らず「やせた?」も同様です。人によって、心身の不調によってやせてしまったり、やせていることをコンプレックスに思ったりする人もいます。褒め言葉として伝えたとしても、相手を不快な思いにさせてしまう可能性もあるのです。

**身体に関するコメントが気安く飛び交う環境は息苦しいもの。嫌だと伝えたり、そういう人から離れたり、自分も人に言わないようにすることで、心に優しい居場所に身を置くように心がけましょう。**

## ☆体重計の数字で自分を定義していないか？

ダイエットをすることで不幸になっていく人たちの中には、まるで自分のことを体重計の数字で定義するかのように、自分のアイデンティティを体重に重ねている人たちがいます。SNSでは、自分の体重をプロフィールに書いて毎日の進捗《しんちょく》を更新しているダイエットアカウントも見かけます。この考え方は、そもそものダイエットの目的を忘れて数字に没頭していることの現れであり、理想的ではありません。

そもそも体重とは、自分の身体の重さを示しただけの数字であり、それ以上でもそれ以下でもありません。体重から筋肉の量が分かるわけでもなければ、その人の見た目が分かるわけではありません（次の章で詳しく解説します）。ましてや、その人の性格や能力が数字に反映されるわけでもありません。

しかし、体重計の数字にそれ以上の意味を重ねて「太っているのは自己管理能力が低い証拠」「モデルと同じ体重になれば、人としての価値が上がり、周りの人からの扱いも変わるだろう」と、間違った過大解釈がされることが一般的です。

自己紹介で「初めまして、mikikoです。職業はトレーナー、体重は60kgです」と紹介するわけでもないのに、体重計の数字が自分の肩書き代わりになってしまっているのです。

**ダイエットの本来の目的は、「数字の先にあるもの」**だったはず。自分のことをもっと好きになったり、人生をもっとキラキラと輝かせるためだったり。**その目的に近づくための通過点として使った数字だったはずなのに、いつの間にかその数字が生活の中心になって、あなたの心をかき乱していませんか？**

体重計の数字がその人の健康度改善を保証するわけでもなく、自己肯定感の向上につながるとも限らないということは既に研究で明らかになっています(6)(7)。

「5kgやせたい」という人は、なぜ5という数字を選んだのでしょうか？

「標準体重になりたい」という人は、なぜその体重に惹かれるのでしょうか？

「自分に自信を持ちたい」という人は、目標体重を達成するのが自分を好きになれる唯一の方法でいいのでしょうか？

あなたの人生は、数字では表せないほどずっと深い意味をもっています。数字を追いかけるばっかりで視野が狭くなり、ダイエットをすることで不幸になっていませんか？　もう一度視野を広げ直して、体重との向き合い方が不健全になっていないかを確認するのを忘れないようにしましょう。

## ☆欠点修正型のダイエットにある先は「喜び」ではなく「つかの間の安心」だけ

社会に認められるためにコンプレックスをなくし、新しい自分を上書きするためにダイエットを選んでいる人は、自分の足りないものを減らす欠点修正型のダイエットをしていないでしょうか。

お腹がたるんでいるから、脚が太いから、服を着ても映えないから、顔が丸いから、などなど。欠点を挙げ始めたらキリがありません。1つ直してもまた別のところが気になってしまう。欠点修正型のダイエットは、学校のテストで言えば、「苦手な科目を集中的に勉強して、どの教科でも平均点を超えるようにする方針」です。足りない部分を満たしてデコボコのない平らな成績表を目指しています。

自分というユニークな存在を活かすことで「自分らしく輝く」を目指すのであれば、軸とするべきなのは個性尊重型のダイエットです。自分の脚の長さや形が活かされるようにボディメイクをする、肩幅が広い自分の身体が活かされるファッションを選ぶ。学校のテストで言うならば、「好きな（得意な）科目をトコトン勉強して『この教科といえばあの人！』と突き抜ける方針」です。

日本の学校の減点方式教育では、欠点修正のほうが褒められるかもしれません。しかし、**実際に社会でメリットや生きやすさを実感するのは個性尊重型のほう**です。88歳現役美容研究家であり日本のメイクの立役者である小林照子先生は、こんなことをおっしゃっていました。「教育部門で働いていた時、まだ化粧は毎日するものではない下品なものとして捉えられていて、そう教えられていた。『欠点修正法』という欠点を直すためのメイクアップだった。個性を活かし、長所を活かすメイクが主流になったことで、年月をかけてメイクが『楽しむためにするもの』『自分を表現するもの』に変わっていった。」

この観点、ダイエットにも共通しますよね。**欠点修正型は動機がネガティブだし、そもそも楽しくありません。一方で個性尊重型は、自分らしさを最大限に発揮するワクワクが溢れていて楽しいもの**です。人々のコンプレックスを刺激して「そのコンプレックスも、これやれば

2ヶ月でなくなるよ！」と誘ってくる情報のほうが、人々の焦りを掻《か》き立てるため主流ではありますが、そんな欠点修正型のダイエットで心から〝自分磨き〟を楽しむのは不可能といえるでしょう。

**欠点を修正したって平均的になれるだけ**です。平均から個性は生まれません。あなたは、平均点をとってみんなと足並みを揃えるためにダイエットを選んでいないでしょうか？

欠点を修正して足並みを揃えた先で「ああ、よかった」と胸を撫で下ろしたいだけだったりしませんか？　**欠点を修正して得られる気持ちは、「喜び」というよりは「安心」に近い**ような気がします。

あなたが憧れるボディを持つあの人の魅力も、いかに自分らしさを活かせるかを研究した結果であって、欠点を修正したり隠したりするために一生懸命努力した結果ではないはずです。

欠点修正型のダイエットがまだまだ主流の今、もしかしたら私たちは小林照子先生が見てきたメイクの歴史と似たような経路をたどっているのかもしれません。まだまだ「エクササイズはやせるため」という概念が根強い日本で、今後、個性尊重型のダイエット・フィットネスが主流になって、心の底からキラキラした笑顔になる人たちが増えることを願っています。

第3章

# ダイエットで注目される キーワードへの勘違い

――「くびれ」「シックスパック」「体脂肪」「BMI」などに振り回される人、続出

# ☆「くびれ」にはできやすい人と、できにくい人がいる

ここまでで、ダイエットにつきまとう困った前提と、それを解決する考え方について触れてきました。第1章では主に「悩み」、第2章では「やせる」「体重」にフォーカスしました。

この第3章では、ダイエットでよく取り上げられるキーワードから、ダイエットを間違った方向に導く流れを修正していくお手伝いをしていきます。

「くびれ」「桃尻」「太ももの隙間」「ぺったんこお腹」「シックスパック」は、一般的にいわれる美ボディの象徴です。しかし、人々が必死に追いかける人気キーワードの中には、現実離れした架空のイメージであったり、健康を犠牲にしないと成り立たなかったりするものもあります。

例えば、「くびれ」がその1つ。**よく「やせたらくびれる」というイメージが持たれていますが、実際はそうなるとは限りません。くびれは、体格や骨格によってできやすい人、できにくい人がいる**のです。

くびれの仕組みを考えてみましょう。肋骨《ろっこつ》と骨盤の間には大きな隙間があり（p87の図3）、

この部分には硬い組織が背骨（腰椎《ようつい》）しかありません。この隙間が凹んで見えることで、あの多くの人が欲しがる曲線が出来上がります。

生まれつきこの隙間が長い骨格の持ち主が、くびれができやすい人となります。肩幅と骨盤が広い骨格を持つ人も、肩〜腰〜お尻にかけて凹凸がつきやすいので、くびれができやすいタイプです。

肩幅や骨盤が狭い人たちでも、肩やお尻の筋肉をつけてボンッキュッボンの「ボン」を強調することでカーブをつくることができますが、**それが身体にとっていいことかはまた別問題。**

## 図3　肋骨と骨盤の間の大きな隙間

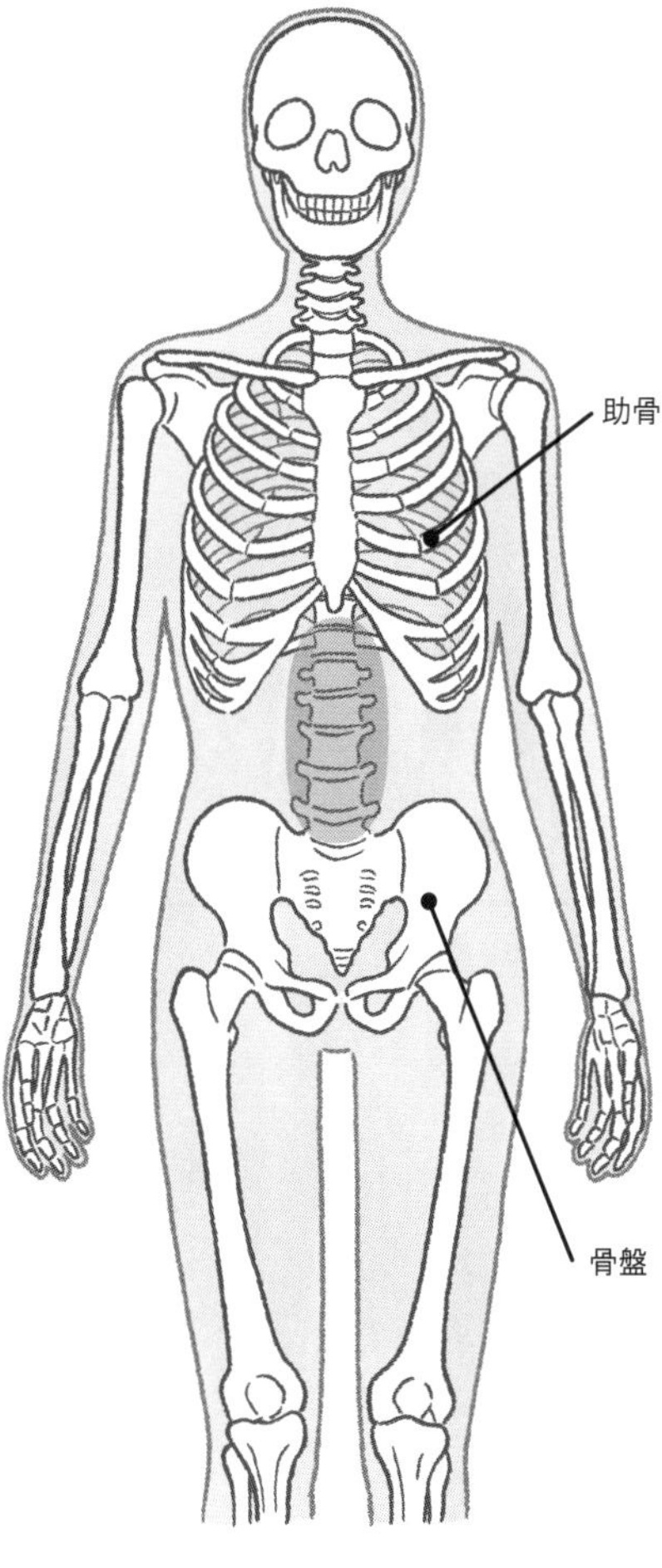

**見た目を優先した身体のデザインは、バランスが崩れてかえって不健康なこともあります。一度その理想の身体を手に入れても、維持をするのには人一倍の労力が必要となる**でしょう。

くびれを意識しすぎた体型管理は、腰痛をもたらすこともあります。ヒトは、重たい上半身を支えるために外腹斜筋・内腹斜筋・腹横筋と呼ばれる3層の筋肉で支えるように進化しました。アスリートを見るとよく分かりますが、身体をあらゆる動きに対応できるように丈夫にすると、くびれはなくなり寸胴になります。狩猟や農作など、動くために進化したヒトにとって、**くびれがない身体のほうが動作をするうえでは理にかなっている**のです。

「くびれは美しい」という概念は、こうした個人の骨格の特徴や本来の人間の身体の仕組みを無視して、1つの美の型に押し込むことで成り立ちます。解剖学・生理学ではなくファッションを基盤にした考え方なので、人によってはその理想を追い求めることで身体を壊してしまう可能性もあるのです。

そもそも、私たちはどうして「くびれが美しい」と思うのでしょうか？　誰が最初に言い始めたことなのでしょう？　自分の価値観がどこから来たかもよく分からないまま、なんとなくその美的感覚に流され、現実的ではない理想を追いかけていないでしょうか？　「くびれがないと美しくなれない」という勘違いで、自分に自信をなくしていませんか？

# ☆桃尻も向き・不向きが。テクニックでごまかすことも可能

先ほど紹介した桃尻ブームも、くびれと同様に誤解が絶えないものの1つです。骨盤周りの骨格やお尻の筋肉のつき方も人それぞれで、**桃尻になりやすい人・なりにくい人がいます。**なりにくい体格の人が無理して桃尻をつくろうとするのも、関節や筋肉のコンディションが悪化するリスクを伴い、維持にも人一倍の労力が必要になります。

正しく鍛えれば誰でもある程度丸いお尻は育ちます。しかし、育ちにくい体質・育ちやすい体質というものが存在するのです。

例えば、もともとお尻周りの筋肉がついており、お尻が丸くなりやすい体質の私は「どうやってそんな丸いお尻手に入れたの⁉ 私はこんなに一生懸命鍛えてるのに、一向に育たないよ……」とまじめな顔で聞かれたことがあります。当時の私は、週1回の筋トレ以外特別なことなど何もしていなかったため戸惑いました。ただその骨格・体格で生まれてきた、それだけのことだったのです。

私のお尻がチヤホヤされるのも桃尻ブームのせいで、このブームが終わればこんなおかしな質問をされることもなくなるでしょう。

また、**お尻の形は、服装やポーズ次第で印象がほとんど決まってしまう**ものです。インスタグラムではそのテクニックを使った写真が多く出回っており、テクニックを紹介するポージング講座などがあったりします。

例えば、片脚に体重を乗せてお尻を突き出すことで丸さが強調されたり、ビキニや下着を上に引き上げること、またはそうしたデザインのものを選ぶことで丸みが強調されます。さらに、ラインや縫い目の入れ方次第で丸みを強調するジーンズやタイツもあります。

**体型3割、見せ方7割、といったところ**でしょうか。こうした桃尻テクニックは知ってさえいれば、SNSや広告などそこらじゅうで見られる基本的なもので、桃尻というファンタジーの世界の半分が印象づけでできていること

提供元：Sia Cooper

が分かります。

座る時間が増えた現代人がお尻の筋肉を鍛えるのは、身体にとってとてもメリットのあること。ただ、本当に鍛えられたお尻ではなく、ぱっと見だけの桃尻を追求していては、生活に役立つお尻は手に入らないでしょう。

現実に存在しない理想を追い求めないようにしながら、お尻のエクササイズを取り入れたいものです。

## ☆「太ももの隙間」は不健康の象徴だった

「太ももの隙間」こそ、実は人間の身体にとっては「あるほうが不自然なもの」です。

スラッと伸びた脚の間から光が漏《も》れる光景は多くの女性の憧れですが、**人間の身体の構造や健康を考えたら、これは存在するべきではない隙間**です。わざわざ隙間ができるようにダイエットすることに、健康へのメリットもありません。

骨格模型だけを見ると両脚の大腿骨《だいたいこつ》（ももの骨）の間に大きな空間がありますが（p92の図4）、平均的な量の筋肉があればその隙間はほとんど埋まります。「筋肉と脂肪を落とせば隙間は大きくなるからダイエットすればいい」と思うかもしれませんが、**隙間ができるほど筋肉が落ちれば、日常生活をこなすだけの筋力が足りなくなり、膝《ひざ》や腰などの関節に負担をかけるようになります。**

また、**隙間ができるほど脂肪が減れば、やせすぎによる生理不順や免疫不全で健康リスクが上がります。**太ももの脂肪は女性ホルモンの働きが密接に関係するので、太ももの隙間を基準に減量を試みることは危険なのです。

しかし実際にはSNSや雑誌で、筋肉や脂肪がある程度ついているのに隙間がある人を見かけることがあります。桃尻同様に、**見せ方7割で「それっぽく」見せることができてしまう**のです。

以下の①②は見せ方によってつくられる隙間、

**図4　大腿骨の間には大きな空間がある**

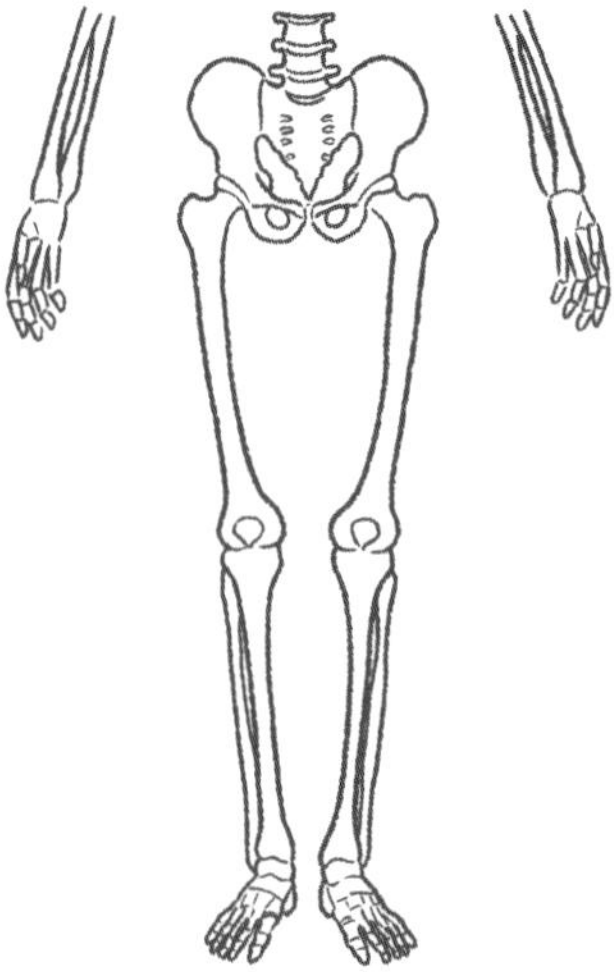

③④は健康上望ましくない体型・骨格によるもの、⑤はテクノロジーによる隙間です。

①脚を開いて立っている【写真1】➡つま先をピッタリとはくっつけずに、隙間ができるくらい脚を広げて立っています。

②脚が細く見えるポーズをしている【写真2】➡腰を後ろに引いたり、片脚だけ前に出したり、片方の膝を曲げるなどして、隙間ができるようなポージングテクニックを使っています。

③O脚➡つま先がくっついている時に膝と膝がくっついていないO脚の場合、気をつけの姿勢をしていても脚の間に隙間ができやすいです。

④極度の痩せすぎ➡太ももの付け根から膝にかけてがまっすぐで、内もものふくらみがない

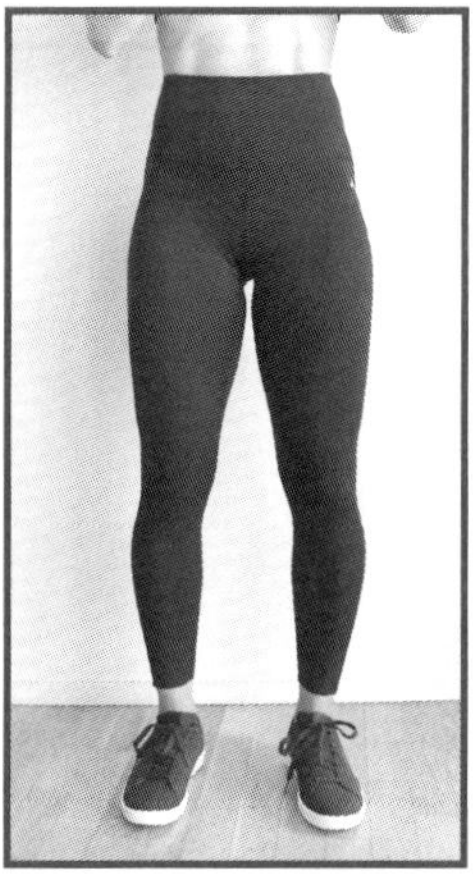
【写真1】脚を開いて立っている

【写真2】脚が細く見えるポーズをしている

【写真3】スマホのレンズ機能を使って、脚を細長く見せている

人は、極度のやせすぎで生理不順や免疫力低下など、健康問題を抱えている可能性もあります（体質的に太れない人もいるので、見た目だけでジャッジはできませんが）。

⑤アプリで加工して隙間を広げている【写真3（P93）】➡技術の発達による産物ですね……。今ではスマホでも気軽に写真の加工をしたり、レンズを変えて印象を操作したりすることができてしまいます。太ももの隙間をつくるぐらいなら、数分で見分けがつかないほどできるのです。

なくてもいい隙間を、こうしたテクニックを使って「ないほうがおかしい」とでもいうかのように扱う環境は、多くの女性を間違ったダイエットに導き、心身共に苦しめています。「太もも市場」で本当に恩恵を受けているのは、理想を追いかけるダイエッターではなく、人のコンプレックスを利用して注目を集めている人やビジネスなのです。

## ☆「ぺったんこお腹」や「シックスパック」は24時間維持できるものではない

「下っ腹が出ているのが気になる」「ぽっこりお腹をなくしたい」「腹筋を割りたい」という需

要は特に多く、ダイエットの広告でも顔は写さず締まったお腹だけを出す写真が頻繁に使われるほどです。

しかし、**「やせても常にお腹がぺったんこになる訳ではない」**と知っている人はどれだけいるでしょうか。

考えてみてください。焼肉食べ放題に行った後や、飲み会があった次の日にきれいに割れたお腹を出して写真を載せている人がいるでしょうか？　胃や腸に食べ物が入れば、お腹はふくれていくものです。

きれいなお腹の写真をよくSNSに載せている人は、いつでもぺったんこなお腹でいるように見えますが、コンディションがいい時に何枚も写真を撮り、後々少しずつアップしているだけで、ずっとそのコンディションを保っているわけではありません。24時間お腹がきれいに割れていたり、お腹の形が変わらずにいるのは、胃や腸に何も入れていない人、つまり断食をしている人くらいでしょう。

SNSや雑誌で見るような美しいお腹の写真も、桃尻や太ももの隙間と同様に**見せ方を工夫するテクニックを使って撮られています。**「朝イチの」「空腹時に」「光の当たり具合を調節しながら」「割れて見えるポージングをして」、あのきれいな1枚を撮っているのです。ポージングや光の当たり具合を解説しながら写真をアップしている人なんていませんよね。だからそんなテクニックなど存在しなくて〝自然と〟撮っているように見えるのです。

こうした理想のお腹の舞台裏を知らないと、切り取られた一部だけを見て「まだお腹が出てるから、もっとダイエット頑張らないと……」なんて終わりのないダイエットをするハメになってしまいます。

## ☆ダイエットの「絶対法則」など存在しない

書籍やYouTubeのエクササイズ動画で、「ダイエットの絶対法則」のようなフレーズを見たことがある人はいるのではないでしょうか。注目を集めるセールス文句としてよく使われる言葉ですが、万能薬のように万人に効果がある絶対的プログラムは存在しないということは、数々の研究で証明されています。

同じプログラムを行なっても、効果を実感できるのは7割で、残りの3割はノンレスポンダー（反応がない人）といわれています。ある研究では、高強度運動を週5回、12週にわたって行なった結果、**体重が14・7kg減少した人もいれば、1・7kg〝増加〟してしまった人もい**

**ました**(1)。

自分がこの研究に参加したとして、3ヶ月間にわたって週に5回もヒィヒィ言いながら高強度運動をしたのに、ノンレスポンダーだったらたまったもんではありませんよね。

しかし、こうした人々はプログラムの宣伝から外され、結果が出た人々に焦点が当てられてビフォア・アフターとして堂々と掲示され、まるでノンレスポンダーなどいないかのように扱われてしまうのです。

考えてみれば当たり前のことかもしれませんが、私たちの身体は人それぞれで異なります。朝型・夜型の人によって運動するべきタイミングも異なりますし、あなたの祖先が何千年にもわたってしてきた食事も生活様式も、ミトコンドリア（細胞内にある物質の1つ）は覚えています。電車で隣の席に座る人と自分で、それぞれ別の最善策があって当然なのです。

「これさえやればＯＫ」と単純明快に言ってもらいたくなるのは分かりますが、残念ながらあなたの身体を直接調べて個人差に焦点を置いた科学研究はこの世には存在しません。自分の正解は、自分で心と身体の反応を見ながらトライ&エラーを繰り返し、あなたが見つけていくしかないのです。

その時の道標として参考に使うのが、科学研究・東洋医学といった知見です。「絶対法則」

「神法則」というような「これしか正解じゃない」という印象を与えるフレーズに注意して情報収集をしましょう。

## ☆「体重計」は捨てていい。体重で目標設定するのは間違い

体重計の数字を使ってダイエットの目標を設定するのはメジャーな方法で、トレーナーの教科書にも「数字を使って達成できたかどうかはっきり分かる目標を設定しましょう」と書いてありますし、ダイエットアプリでも体重を記録してグラフで見られるようになっています。

しかし、このSMARTゴールと呼ばれる方法は、ビジネスなどの場面で評価される目標設定の方法であり、これを**ダイエットで行なうとかえって混乱することになります。**

その理由は、**体重計の数字はその人の見た目を反映しないから**です。力士とラグビー選手を比較してみると、同じ100kgの体重だとしても体型がだいぶ異なりますよね。骨の太さ・密度、内臓の重さ、筋肉の量、脂肪の量、胃腸の中のものの量など、身体の内容物の構成（体組成）によって、同じ体重でも見た目の印象が変わるのです。

筋肉は脂肪よりも重たいため、筋肉質な人は体重の割に締まって見える傾向があります。私

自身も、見た目から予想される体重と実際の体重では＋5〜10kgほどの誤差がありますし、**筋トレを始めて以来10kg増えても服のサイズはむしろ小さくなりました。**見た目と体重は必ずしも一致しないのです。

また、体重は常に変動しており、朝起きてすぐ、トイレに行った後、ごはんを食べた後、夜寝る前など、**1日の中だけでもけっこう変わり続けます。**3食しっかり食べて水も1・5リットルくらい飲んでいれば、朝と夜で2kgほど変わっても珍しいことではありません。生理前後や断食だと、数日で3kgほど変動することもあります。

「体重」という1つの数字で表すものは、常にウロウロしている身体の重さのだいたいの値であって、本当は数kgの幅がある概念なのです。そのため、「見た目を変えたい」という目的でダイエットを始めたい人が体重計の数字を基準に進捗を確認していると、行ったり来たりする体重に翻弄《ほんろう》されて、自分の進歩を正しく認識することができなくなってしまうのです。

さらに、**しょっちゅう体重を量ることで、自信の喪失と自分の身体の評価が落ちることが数々の研究で分かっています**(2)。体重計に示された数字に一喜一憂して、その後にやけ食いや暴食に走ってしまうこともあります。

体重計の数字で目標を設定している限り定期的に体重を量ることになるため、仮に目標体重は達成できたとしても、明日は、明後日は、1ヶ月後は、そして1年後はと、ずっと気になるまま。その先の目的である「自信がつくこと」や「自分の身体をもっと好きになること」は遠のいてしまいます。これでは本末転倒です。

体重計に乗ってチェックし続けないと太ると思われがちなのですが、本当の問題は身体のことを気にする時間自体が少ないことにあります。**体重計を使って進捗を確認するより、毎日同じ時間に鏡の前に立って自分の身体の見た目の変化を確認したり、自分の気持ちの変化を確認するほうが、ずっと「見た目を変える」「自信をつける」という目標にかなった方法でしょう。**

数字で一喜一憂するくらいなら、体重計なんて捨ててしまったほうがいい。プロボクサーや体重制限のある乗馬騎手でない限り、数字で目標を設定しなければいけない理由はないのです。

## ☆「体脂肪率」はあまりアテにならない

体重が示すのは「身体の重さ」だけであって、前日から1g増えたとしても、何が増えたかを示すものでもありません。1kg増えたら「脂肪が増えた」という勘違いをすることが多いのですが、脂肪が1日で1kg増えるというのは生理学的に不可能なこと。減る時も同様で、何が減ったかは体組成まで調べなければ分かりません。体重よりも体脂肪率を参考にするほうがよいでしょう。

とはいえ家庭用体組成計ですと、精度がまだそこまでではないようです。格安で手に入り家で気軽に体脂肪率を量れると人気になりましたが、その精度については話題になることはそんなにありません。実は**±5%程度の誤差が出ることがある**といわれています。本当は25%の人でも、20%あるいは30%で表示されている可能性もあるということ。

**1%の増減で悲鳴をあげるような私たちにとっては、この程度の精度ならば扱い方に気をつけなければなりません。**入浴の前後で数%変わったり、汗をかいているだけでも数%の差が出ます。そのため、科学研究でも家庭用体組成計を使うことは推奨されていません。

正確な体脂肪率を量るためには、病院や大学機関にある1台で数千万円もするような機械を使う必要があります。これは私の勝手な想像ですが、本当に体組成計の精度が高いのであれば、売っている会社は自信を持って「○%の精度です！」ってセールストークに入れてくるはずですよね。実際に数字で精度を示していないのを見ると、「触れてほしくないところなのかなあ」と思ったりしています。

家庭用体組成計は、身体に電流を流して、その速度を基にその人の年齢、性別、運動量、体重など統計データを参考にして、体脂肪率を「推測」しています。5％の誤差があるとはいえど、科学的データを使っており、適当な数字を出しているわけではありません。

そのため、参考にすること自体は悪いことではありませんが、この誤差のことを知らずに数値を鵜呑みにしていると「昨日は25％だったのに、今日は27％に増えてしまった……」と、2％の脂肪増加にガッカリしてしまいます。ちなみに生物として、1日にこんなに増減することはあり得ません。短期間で起こる上がり下がりをあまり真に受けすぎないようにしましょう。しょっちゅう体重を量るのと同じで、毎日のように体脂肪を量ることは精神的にもよくありません。気になって毎日量ってしまうような人は、家に家庭用体組成計を置かないほうがいいかもしれません。

## ☆疑問視されている世界の「BMI」基準

医療現場やダイエットで頻繁に使われるBMIですが、実はこの基準を疑問視する声も現場から上がっています。

BMIの基になった考え方は、1830年代にベルギーの数学者によって提唱されました。

もともと、肥満度を見るために考案されたものではなく、医学的なルーツがありません。その時にデータを集めるために参考にされたのも、ヨーロッパの白人男性のみ。その100年以上後の1970年代に、アメリカの生理学と栄養学の専門家グループによって現在のBMIとして確立されましたが、この時も参考にされたのは健康的な男性でした。

つまり、**現在の世界中の色々な人種の男女が、200年前の白人男性や50年前の健康的な男性をベースに考案された方法で肥満度を測定しているのです。**

ですから、年齢・性別・居住する国・人種などあらゆる要素が共通する集団の中で、自分がどの程度なのかを知るには有効かもしれません。ただし、個人レベルのダイエット目的にBMIを用いるのは、あまり有効的な活用にはならないでしょう。

その粗さが表れる個人レベルの例を挙げてみましょう。例えばアスリート。先ほどのラグビー選手の例を使うと、身長が185cmで100kgの選手は日本の基準では肥満の扱いになります。体重計の数字がその人の体組成を反映しないため、脂肪よりも重たい筋肉をたくさんつけた選手は、肥満とはかけ離れた体組成をしていても肥満扱いになってしまうのです。同じ身長185cmで100kgの運動不足の人と、区別されることなく同じ肥満のカテゴリーに入ります。

また、人種による問題もあります。人類の発展の過程で航海の長旅を可能にするために大きな体格に進化した太平洋諸国の人々は、遺伝的に体格が大きいだけで健康体なのに、肥満としてカウントされてしまうことが医学の領域で問題視されています。

肥満のランキングは上位10ヶ国のほとんどが、太平洋諸国の国々となってしまっています（生活習慣の悪化による肥満も存在するので、この全てがＢＭＩの誤差によるものではありませんが）。

反対に、遺伝的に体格の小さい日本のような国では、ＢＭＩによる基準を調整する必要が出ています。国際基準では30以上が肥満ですが、日本では25以上を肥満という分け方がされています。

しかし、**身体の構成が異なる男女・年齢で区別することもない指標であることから、身長と体重の数値だけで出すＢＭＩに頼ってダイエットをすることは、個人レベルにおいてはあまりメリットのあることとはいえない**でしょう。

# 第4章

「勝手にやせる」仕組みを作る【その1】

# 「姿勢」の正しい考え方&ワーク

## ☆姿勢を無視したエクササイズが、あなたの努力を逆効果に向かわせる

前の章までは、ダイエットに取り組む前に身に付けておきたい考え方を中心にお話ししてきました。

いよいよこの第4章からは、実際に具体的にどんなことをすればいいのかを、お伝えしていきます。まずは、運動？　食事？　いえいえ、姿勢の話からさせてください。その理由は、追ってご説明します。

運動する目的が「やせるため」だったとしても、「体力をつけたいから」であったとしても、「健康に年を重ねるため」であったとしても、エクササイズを始める際に、**真っ先に取り組むべきなのが姿勢改善**です。

というのも、姿勢が悪いまま筋トレやランニングなどをすると、せっかくの頑張りも逆効果になってしまうこともあるからです。

例えば、骨格のバランスが崩れている状態でランニングをすると**膝や腰を痛めやすくする**だけでなく、余計な負荷がかかっている筋肉が発達してしまうため、脚が細くなるどころか**太く**

**なることもあります。**ダイエットのためにランニングを始めたら太ももがゴツくなってしまった、ふくらはぎが発達してししゃも足になってしまった、という相談が多いのですが、これは普段の猫背や座りっぱなしの生活が原因で、〝上手なランニング〟ができていないことが原因です。

筋トレの場合も同様で、姿勢を改善せずに負荷を上げてしまうと、すでに余分な負荷がかかっている部分にさらなる負荷が加わってしまうので、**意図していない部分に筋肉がついてしまいます。**「ジムに通うようになったら、体力はついて体脂肪も落ちたけれど、意に反して足がたくましくなってしまった」という悩みもよくあります。これがさらには、「筋トレで筋肉がつくのが嫌なので、食事制限と有酸素だけでやせたい」という大きな誤解の要因になっているのです。

姿勢を改善しながらエクササイズをすればこうした努力の逆効果を防ぎ、引き締まった健康的な身体を作ることができます。

## ☆姿勢改善だけで服のサイズが変わることがある

姿勢改善で身体が本来の働きを取り戻すと、**臓器もあるべきところに収まり、それまで滞っていた血流が改善し、バランスが崩れていた神経系の働きも向上します。**

例えば、胃下垂やぽっこりお腹は、お腹周りの筋肉で支えきれなかった胃腸が重力で下がり、前にぽっこりと出てしまっていることが原因。そのため、**姿勢改善で臓器があるべきところに収まるだけで解決できてしまうことも。**

また、ブラ肉といわれるブラジャーの上に乗る背中のお肉は、背中周りの血流が滞ることによって発生するむくみが大きな要因。猫背を直して**血流をアップさせるだけでも、見違えるほど改善**します。

たくさんの重要な神経が通っている背骨は、交感神経・副交感神経の働きに大きく関わっているため、姿勢を改善することでメンタルヘルスにもよい影響をもたらします。数分間姿勢を変えるだけでストレスへの耐性が改善したり、自信を持てたりするようになることが科学研究でも明らかになっているのです（ホルモンの第8章で詳しく解説します）。

こうした臓器の働きや神経系の働きの改善によって、**落ちていた代謝は上がり、身体から余分なものを自然と落としていくようになります。**姿勢を改善するだけで普段使うベルトの穴が内側へずれたり、服のサイズが変わったりする人もいるほどです。

## ☆目指すは「いい姿勢によって、首筋からオーラが出る人」

毎日のように鏡の前で下着姿になって体型をチェックしたり、裸で体重計に乗って一喜一憂したりしながらダイエットの進捗を確認している人は、**最終的な身体の印象は「服を着た時の見栄えで決まる」**ということを忘れていないでしょうか？　すっぽんぽんで外に出るわけではないので、服を着た時に効果を実感するかが大切。

それなのに、体型さえ変われば服を着た際の印象まで変わると思っていませんか？　ダイエットに励む人は体型にばかり意識を集中させがちなのですが、服を着た時の印象は実は、体型よりも「姿勢」で決まります。

雑誌やお店のショーウインドーで見る素敵な服たちは、猫背で着こなすようにはデザインされていません。シンプルな服ほど姿勢がファッションの一部として機能し、着た時の印象に大差が出るのです。Tシャツにジーパン、ドレス、スーツといった格好は特に、**どれだけ体型がスラッとしていたとしても、姿勢の悪さで印象が悪くなってしまいがち。**特別な時に着たい女性用のドレスや男性用のスーツも、猫背の人ではなく、まっすぐ立った人を想定してデザインされていますよね。制服の採寸も、猫背でスマホを見る姿勢で測る人はいません。

姿勢がいい人からは、凛《りん》としたオーラが出ます。これは、人々の憧れである芸能人の姿勢を見ていれば一目瞭然《りょうぜん》。厳しい体型管理もさることながら、人前に出る時の姿勢がとてもきれいで人を惹きつける力があります。ブラックピンク、テイラー・スウィフト、ビヨンセといった、ファンから絶大な支持を誇る一流アーティストのそれは、圧倒的なレベルです。

芸能ではなく政治の世界に目を向けても、あのトランプ元大統領や、バイデン大統領も、後期高齢者ながら支えもなくまっすぐ立っていますよね。アメリカ大統領選で二人が比べられることが多かった当時、私はあの二人がどんなトレーニングや生活習慣を心がけているのか、気になって見てしまったほどです。アメリカという国を動かすほどの**支持を集める理由も、立ち居振る舞いに隠されている**のでしょう。

**姿勢がいい人の凛としたオーラは「首筋」から出ています。背筋がスッと伸び、まっすぐ前を向き、鎖骨を見せつけるように首元のスペースを広げて立つと、自信とも似た雰囲気が漂う**のです。

これは一流アーティストや政治家など人前に出ることの多い人に限らず、一般人でも同じこと。人混みの中で一人パッと目を引くような雰囲気で立っている人を見かけたことはないでしょうか。街中で歩いている人、バス停で待っている人、ショッピングをしている人など、姿勢を気をつけている人は見ただけで分かります。

やっている人は何食わぬ顔でやっている。言葉で語らずとも、姿勢にオーラに表れる。それが姿勢改善なのです。

## ☆人類の身体の発達からも、姿勢の重要性は痛感できる

人間の身体は、3万年もの歳月をかけて「動くために」進化してきました。私たちの祖先は1日15km歩いていたともいわれています。骨格模型で見るようなきれいな骨の配置、そして解剖の教科書で見るような筋肉のつき方というのは、狩猟の時代から稲作の時代にかけて、生活に必要な身体活動をこなすために進化していった結果です。3DプリンターもCGもないマンモスの時代から、何万年ともいわれるほど繰り返された環境適応だけで、世界中の優秀な科学者を集めても真似できないほど精密な身体をつくっていったのです。

しかし現代人の生活では、「パソコンの前で猫背のまま8時間座った後に、電車で座って、テレビを観て、スマホを触ってそのまま布団で寝る」といったライフスタイルも珍しくありま

せんよね。座りっぱなしの生活に慣れてしまいました。その結果、身体はだいぶ弱ってしまい、電車で30分立っているのも疲れてしまうという人もいて、肩こりや憂鬱な気分といった不調も現代人のよくある悩みとして定着しています。こうした不調の原因は、特にお尻・背骨・肩周りの仕組みや進化の過程を考えてみるとよく分かります。

人間の身体は、サルからヒトに進化する過程で、直立二足歩行をするためにお尻と背中の筋肉を大きく発達させました。サルの体格との最大の違いは「大きなお尻」と「S字に伸びた背骨」です。

遠くを見ながら長距離を二足で歩くために、お尻の筋肉は大きく発達しました。人間に必要な動作（歩く、走る、飛ぶ、登る、泳ぐ、運ぶなど）を可能にするために、股関節はたくさんの筋肉や靭帯《じんたい》で包み込むように進化し、そのおかげで四方八方に動かせる「柔軟性」と、簡単には外れない「丈夫さ」を持ち合わせています。その丈夫さは、車の事故くらいの衝撃がないと外れないといわれるほど。体重の3倍近くの重量を持ち上げることができるポテンシャルを持ちながら、バレリーナのように開脚もできてしまうような柔軟性があるのが、股関節の最大の特徴です。

そのしっかりとした股関節に支えられた骨盤を土台に、１００個以上の関節を持つ背骨が立っています。背骨を取り囲む筋肉は縦・横・斜め全ての方向へ伸びていて、自在な動きを可能にするために何層にも張り巡らされています。

深部から表面まで綿密に敷き詰められている筋肉の配置からも分かるように、私たちの身体は動くためにデザインされています。

数世代前までは、子供の時から木に登ったり、川で泳いだり、石を投げていたり、畑を耕したりしていた私たち人間。**イスからイスへと移動するだけの現代の生活では、この身体のポテンシャルを使い切ることができません。筋肉は使っていないと、使えなくなっていきます。**

**よく身体の不調は年のせいだといわれることがありますが、まず疑うべきは長年の運動不足。お尻や背骨周りの筋肉を衰退させ、腰痛・肩こり・むくみ・気分の沈みなどの不調につながっていくのです。**

肩周りの筋肉には「サル時代の名残」があります。胸の筋肉である大胸筋《だいきょうきん》と、背中にある広背筋《こうはいきん》は、まっすぐ起立した状態では上腕の骨に付着する部分がねじれています（p114の図5の上）。チンパンジーなどの霊長類も同様にこの筋肉がねじれているのですが、このねじれが取れてまっすぐになる時があります（p114の図5の下）。それが、バンザイをして棒にぶら下がった時の角度。この角度をゼロポジションといい、肩の安定性が最も高く、筋緊張

## 図5　大胸筋が上腕の骨に付着している様子

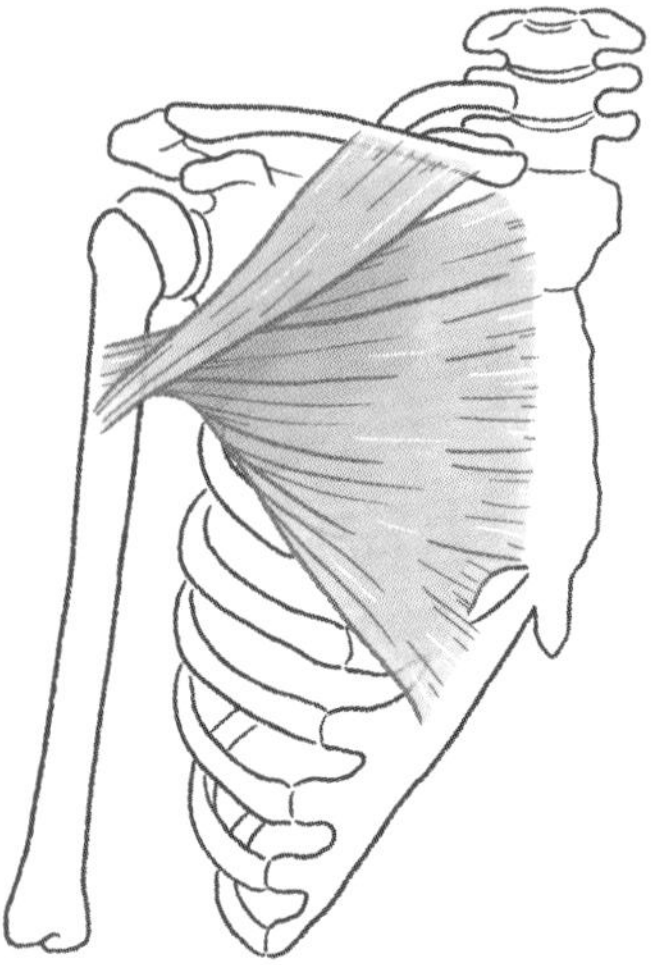

腕が下がっている時は、大胸筋の上腕の骨に付着する部分がねじれている

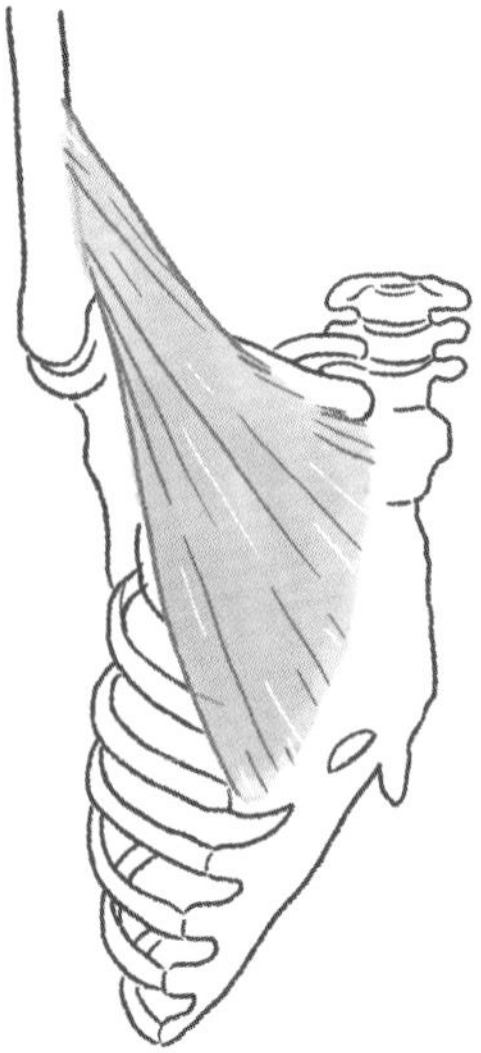

バンザイをして腕を上げている時は、大胸筋の上腕の骨に付着する部分はねじれず、まっすぐになる

（筋に備わっている張力）のバランスが保たれた状態です。

しかし、現代人がゼロポジションになるように両手を上げるタイミングというと、髪をセットする時とTシャツやトレーナーを着る時くらいしかありませんよね。石を投げたり海を泳いだり木に登ったり、肩周りの筋肉を縦横無尽に動かしていた頃とは打って変わって、目の前の画面を目で追うばかりの生活にもなってしまいました。

肩周りの筋肉も、使っていないと使えなくなっていきます。胸の筋肉は短く硬くなり、背中の筋肉は柔軟性を失い、いい姿勢を保とうとしてもダルさを感じてすぐ猫背に戻したくなってしまうのです。まっすぐバンザイができなくなってしまっている人も多く、こうした硬さを放っておくと四十肩・五十肩（凍結肩）と呼ばれる症状に発展し、生活に支障が出るようになります。

これも年齢が直接的な原因ではなく、生活習慣と普段の姿勢が原因です。スマホの普及により20代でその兆候が見られることも珍しくありません。

こうした人類の発達にそぐわないライフスタイルは、炎症となって表れ、痛み・むくみ・精神的不調の要因になります。だからこそ、**姿勢や生活習慣を改善すると、その炎症が取り除かれ、余分なものが自然と落ちていくような身体の仕組みが出来上がっていく**のです。

## ☆いい姿勢とは「空から背骨が引っ張り上げられている状態」

姿勢の重要性をお分かりいただいたところで、次は「じゃあ、どういう姿勢を目指したらいいのか?」という疑問に答えていきましょう。

身体が1番うまく機能するのは、進化の過程で身体がデザインされてできあがった本来あるべき姿勢です。理科室に置いてある人体模型を想像してみてください。あの「**空から背骨が引っ張り上げられている状態**」をイメージしながら「**重力に逆らって**」「**背骨の骨と骨の間の隙間を広げるように**」**立つ**と、猫背のせいで前に出ていた頭は自然と後ろ斜め上に移動し、遠くを見つめるように顔が前を向きます。この姿勢では、**耳、肩、股関節、膝、足の中央部の5点が一直線上に乗っている**はずです。重心は、猫背の状態だとつま先のほうにシフトしていますが、空から背骨が引っ張り上げられている姿勢では両足のちょうど真ん中に来ます（p117の図6）。これが、本来人間の身体がするべき立位姿勢です。

100年ほど前の映像を見ると、街中の人々のほとんどがこの姿勢で歩いている姿が確認できます。しかし、現在の街中ではこの姿勢で歩いている人はあまりおらず、たまに見かける凛としたオーラのある人も、バレエ・ダンス・演劇・モデルなどをやっている表現者の方々であったりプロスポーツ選手だったりします。

普段姿勢が悪い人がいきなりいい姿勢をとろうとすると、最初は肩や腰に余計な力が入ったり、胸を突き出して見せつけているような違和感を覚えることもあるはずです。今はまだ猫背のほうが身体にとっては標準設定であるため、いい姿勢でいようとすると無駄な力が入って、違和感やダルさが生じてしまうのです。

数十秒間この姿勢でいるだけでも一苦労。いい姿勢でいることは、それだけで筋トレになります。**普段からいい姿勢の習慣を繰り返していくこと自体が身体を鍛え、筋肉のつき方や骨格の位置に変化が生まれていく**のです。1日何十分か有酸素運動や筋トレだけをやるよりも、ずっと効果が期待できるでしょう。

何年もかけて出来上がったのが、今の悪い姿

### 図6　正しい姿勢と足の裏の重心の位置

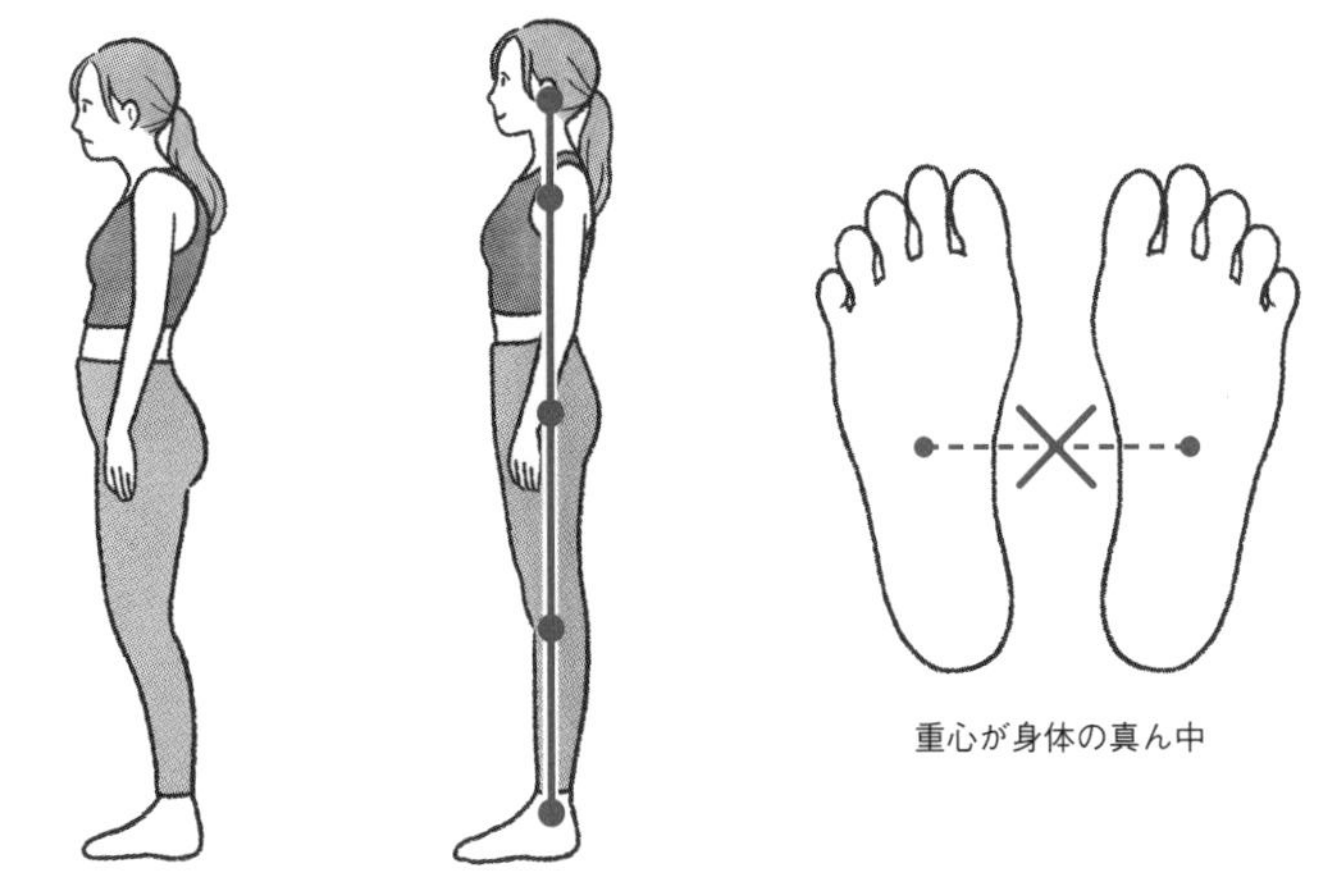

猫背になった姿勢

正しい姿勢。耳、肩、股関節、膝、足の中央部の5点が一直線上に乗っている

重心が身体の真ん中

勢です。数週間で直そうとしたところで、関節や筋肉はその変化についていけず、痛みにつながってしまいます。焦らず、**悪い姿勢が出来上がったのと同じだけの年月をかけて直していくようなつもりで、**根気よく新しい標準設定を作っていきましょう。

## ☆姿勢改善は、上から下まで、一気に、同時進行で

姿勢改善のエクササイズで目指すべき方向性は、もともと身体がデザインされた目的で動かせるように、筋肉や関節の動作を改善することです。そのためには、猫背になっている部分だけを集中して直すのではなく、**「上から下まで」「一気に」「同時進行で」姿勢改善を行なう必要があります。**

身体の動作は、頭から足先までチェーンのようにつながっていて、全ての動作が連動しており、これを「キネティックチェーン」といいます。

例えば、丸く固まった背骨のせいでできなくなった動きは、連動している他の部位がカバーして補います。骨盤を前傾にし、反り腰の状態をつくることで、腰の筋肉に負荷をかけて仕事をするのです。座りっぱなしの生活では股関節の硬さも加わり、股関節ができなくなった動作を膝や腰でかばいます。丸い背中だけ改善しても、こうした問題の根っこの部分が改善するこ

とはありません。この場合、背骨の柔軟性、骨盤の傾き、股関節の硬さ、生活習慣の改善を同時進行で行ない、動作の連動を修正する必要があるのです。

一般的な姿勢改善エクササイズでは、シンプルにするためにこの連動の仕組みを無視して「○○するだけ」と一点集中で改善しようとします。5分のエクササイズでどれだけ姿勢が変わったか、ビフォア・アフターの写真を見せることで、本当に改善したように見せるテクニックも使われます。

しかし、その変化も次の日には元通り。一点集中法では一時的に劇的に改善するかもしれませんが、原因の根っこから解決していないので、もともとの猫背の標準設定にすぐ戻ってしまうのです。

**1日5分だけの集中的なエクササイズより、残りの23時間55分をどのような姿勢で過ごしているかどうかが決め手になります。**よく考えれば、非常に当たり前の話だと思いますが。街中で見る凛としたオーラのある人に、そうした5分だけの集中的な努力をしている人はいないでしょう。

いい姿勢で立っている時の骨格の位置が「自然だ」「普通だ」と感じるようになるまでが姿勢改善。大切なのは、悪い姿勢の根っこから解決するためのエクササイズをするのはもちろん、それだけでなく、**そのいい姿勢を維持するために必要な日常生活での心がけを同時進行ですること**です。

以下のワークでは、いい姿勢になるために必要なエクササイズと、そのいい姿勢を維持するために必要な習慣を紹介します。

ワーク

# 姿勢改善エクササイズと、いい姿勢の習慣づけ

## ☆緩《ゆる》める・伸ばす・活性化するエクササイズ

以下に紹介するエクササイズは、お尻・背骨・股関節にフォーカスしています。一度に1〜3セットやりましょう。毎日やってもいいけれど、最初に飛ばしすぎてだんだん回数が減っていき続かなくなることが多いので、まずは週1回を4週間やってみて、それができたら次は週2回を4週間、とだんだん増やしていくのがオススメ。この頻度なら続けたいと思えるような

心地よいペースを探すのが、継続につながりやすくなります。

## 【1】脇の裏を「緩める」

★目的：背中の筋肉を緩めて、背骨や肩の関節を動きやすくする

◆準備するもの：フォームローラー（アマゾンや楽天や家電量販店など、色々なところで購入できる。なければ水筒でもＯＫ）／ヨガマット（なければ床の上で）

①脇をガシッとつかんだ時に、ちょうど中指が当たるあたりをターゲットに、フォームローラーを当てる。

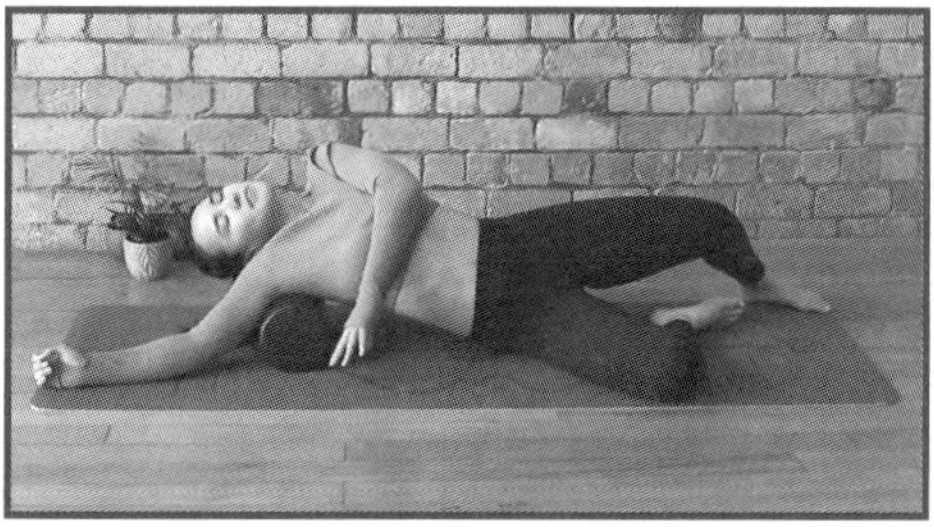

②横向きに寝転がり、胸が少し天井を向くように45度傾ける。そして①で見つけた位置が、ローラーに乗るようにする。「ここかな～？」という感じではなく「うわ！　ここが凝ってて痛い！」とはっきりと分かる場所を探し、そこがローラーに乗るようにする。

③首は脱力して腕に乗せ、前後左右にゆっくり身体を傾ける。ローラーと接するところは、ゴリゴリとはやらずに、体重が優しく乗るようにする。１分ほどゆらゆら傾ける。

④左右入れ替えて、①②③を行なう。

## 【2】胸を「緩める」

★目的：胸の筋肉を緩めて、背骨をまっすぐに保ちやすくする

◆用意するもの：フォームローラー、ヨガマット

①脇をガシッとつかんだ時にちょうど親指が当たるあたりをターゲットに、ローラーを鎖骨と腕の間に45度傾けて当て、うつ伏せになる。

②うつ伏せに寝転がる。胸が少し外側を向くように45度傾ける。

③そのままゆっくり前後左右に身体をずらし、筋肉が硬くなっている部分（キリキリ痛いところ）を探す。１分ほどゆらゆら傾ける。

④左右入れ替えて、①②③を行なう。

## 【3】胸と肩を「伸ばす」

★目的：胸や肩の筋肉を伸ばし、いい姿勢をつくるのに必要な動作をする

◆用意するもの：タオル

①まっすぐ立ち、長めのタオルを、肩幅よりも広く持つ。

②肘《ひじ》は伸ばしたままバンザイをし、そのまま背中のほうへ持っていくように腕を回す。

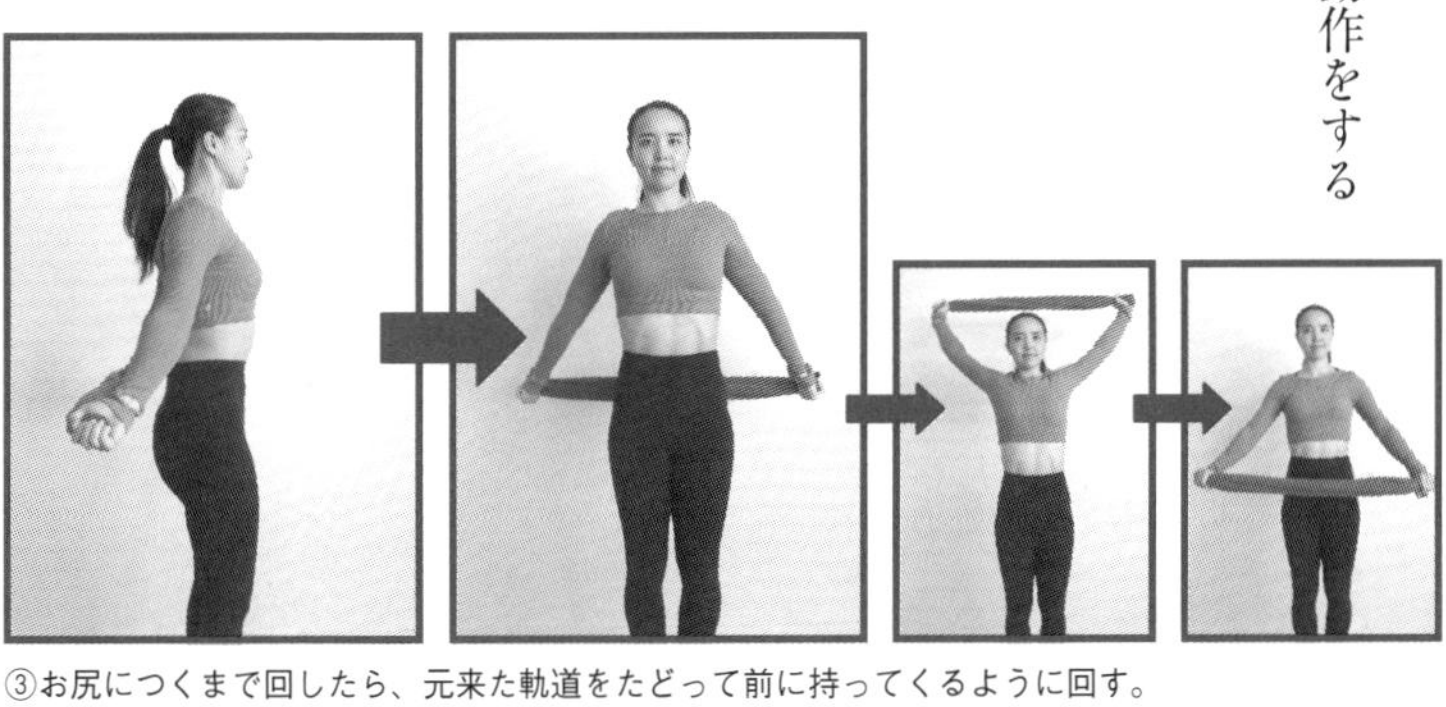

③お尻につくまで回したら、元来た軌道をたどって前に持ってくるように回す。

④以上の動きを、ゆっくりでいいので、10回繰り返す。

## 【4】股関節周りを「活性化」する

★目的：股関節を日常生活にはない方向に動かし、股関節の動作を改善することで骨盤の傾きを直しやすくする

①足が卍の形になるように床に座る。

②膝立ちになるように立ち上がり、後ろ脚を大きく前へ出す。

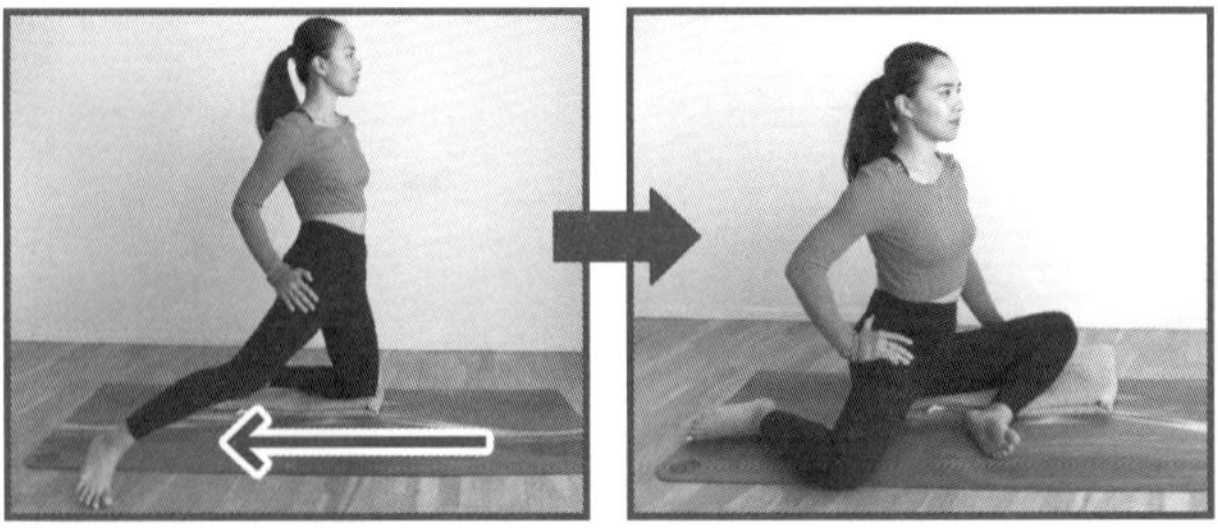

③元来た軌道をたどって後ろに大きく下がり、①の体勢で座る。以上の動きを、ゆっくり10回繰り返す。もう片方の脚も同じく10回繰り返す。

## 【5】お腹周りを「活性化」する

★目的：背骨を天に向かって引き伸ばした状態でお腹周りの筋肉を活性化し、いい姿勢を保ちやすくする

◆用意するもの：タオル

①タオルを肩幅より広く持ち、バンザイの状態で伸びをする。

②その伸びを保ったまま、息を吐きながら身体を横に倒す。目指すは90度。

③身体をひねらないように注意しながら、バンザイの状態に戻す。左右５回ずつ繰り返す。

# ☆癖・習慣をつける

## 【1】いい姿勢で立つ

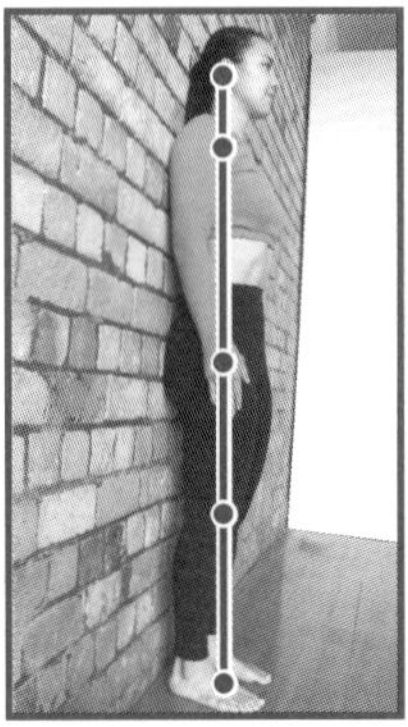

①5点を揃える
壁に頭、肩、お尻の3点をくっつけて立つ。かかとは少しだけ壁から離す。
※これが、耳・肩・股関節・膝・足の中央部の5点が、壁と平行に一直線上にある状態。猫背のせいで前に出ていた重心も後ろに下がり、両足の真ん中に来る。

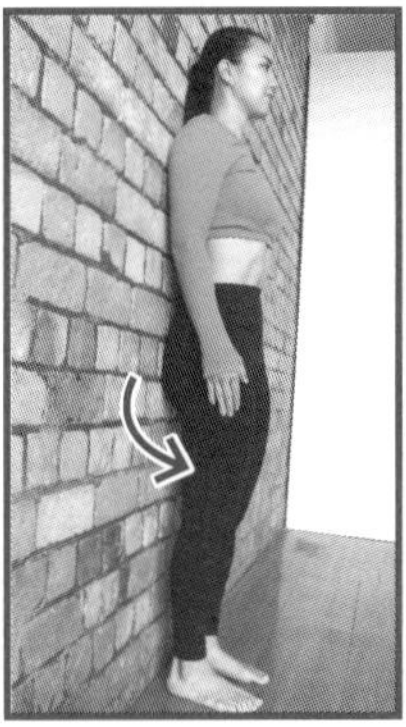

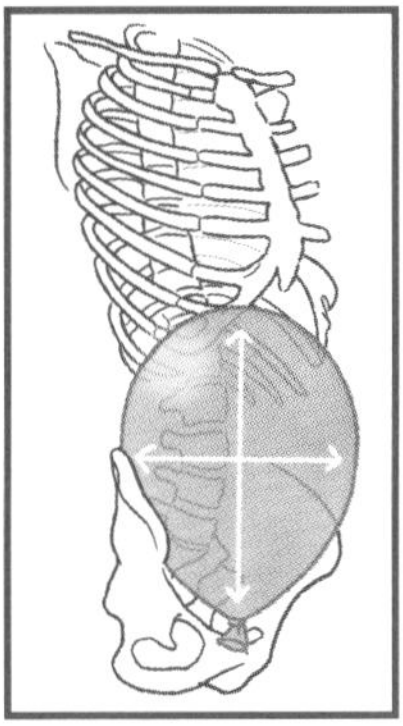

②腹圧をかける
肩や頭を壁から離さないようにしたまま、尾てい骨を身体の下に仕舞い込み、骨盤ごと後ろに傾ける。
そのまま、トイレでうんちを押し出すような感覚で（でも下の栓は閉めたまま！）腹圧をかける。お腹の筋肉を使って上半身の体重を支えるイメージ。

③重力に逆らって立つ
腹圧を保ったまま、天井から引っ張られているように1〜2cm背骨全体を引っ張り上げる。背骨の関節1つ1つの隙間が広がるようにして立つ。
※背骨を上に引っ張ると、自然と顔は遠くを見つめるように前を向き、首や鎖骨を見せつけるように胸が前に出てくる。鎖骨からオーラを発するようなイメージ。これが「重力に逆らって立つ感覚」。

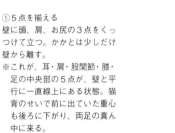

## 【2】新しい癖・習慣をつける

①自分を観察する

まずは自分の悪習慣が「いつ」「どこで」現れているか観察しましょう。パソコンやスマホを見てる時の姿勢にばかりに注意がいきがちですが、それ以外にもやってしまいがちな悪習慣はたくさんあります。あなたの「癖」はどのようなタイミングで、どんな形で現れやすいですか？

例）

■電車を待っている時に、片脚に重心をかけて立っている
■歯を磨《みが》いている時に片脚立ちしている
■料理や皿洗いの時も、常に片脚に体重をかけている
■壁などに寄りかかる癖がある
■立っている時や歩く時も重力に逆らっている感覚がなく、グシャっとつぶれている

②人間観察をする

人のことを観察すると反面教師になって、「あ〜、あの人の姿勢が悪いけど、私も今いい姿

勢できてなかったな……」と、自分の姿勢を考えるきっかけになります。新しい姿勢が自分のものになるまで、何度も何度も思い出しましょう。

私はよく「ナイキのコマーシャルで撮影されているような気持ちで歩いてみましょう」というアドバイスをします。「いつ誰かに撮影されても大丈夫です！　キラッ☆」という気持ちで歩いてみると、スッと背筋も伸びて、首元もスッキリします。

私が指導している方々は、いい姿勢が標準になる頃には身長が1～2㎝ほど伸びています。私の場合は「ナイキのコマーシャル」ですが、自分なりの「いい姿勢を維持するために心で唱えるキーワード」を見つけてもいいでしょう。

# 第5章

「勝手にやせる」仕組みを作る【その2】

# 「栄養」の正しい考え方&ワーク

## ☆落ちない脂肪は「栄養不足」が原因だった

「摂取カロリーが消費カロリーを上回ると脂肪を蓄える」「体重が増えるのは、食べすぎが原因」という話はどこかで聞いたことがあるでしょう。この一般常識は100年ほども前に提唱され一般的になった「エネルギーバランスモデル」が基になっています。

しかし、近年はこの考え方が見直されるべきだという考えが広まってきています。「**カロリーは足りているけれど、栄養素が不足している**」という現代型の栄養失調に注目が集まっているのです。

働く女性の栄養失調は深刻です。栄養失調と聞くと、食糧が乏しいことによって起こるものだと思いますが、働く女性の「新型栄養失調」は、摂取カロリー不足も深刻ですが、偏った食生活により、たんぱく質やビタミン、ミネラルなどの必要な栄養素が摂取できていない事も問題です。もともとは食生活の偏りなどで、高齢者に多く見られるものでしたが、現在では食事制限のダイエットや、栄養素のバランスが悪い食事による食生活の偏りなどが原因で女性に多く見られるといいます(1)。

(※引用:厚生労働省「働く女性の心とからだの応援サイト」)

WHO（世界保健機構）の調べによると、戦後生活が豊かになったことで、世界の食事のカロリー摂取量は20～30％上がりました(2)。2016年のデータでは、世界中の18歳以上の大人の39％が肥満（BMI25以上）であり、肥満の数は1975年から3倍になっています(3)。

しかし、カロリー摂取量と肥満は必ずしも相関関係にありません。日本に関するデータによると、1950年には2098kcalだった1日当たりの摂取エネルギーは、2014年には1863kcalと下がってきていますが（厚生労働省）(4)、この間、肥満の比率は上昇しています。つまり、**「摂取カロリーは減っているのに肥満は増えた」**という現象が起こっていること。

こうしたチグハグが頻繁に起きており、「摂取カロリーの量のみで肥満の原因を判断するべきではないのではないか？」という見方が強くなってきているのです。

これまで食べすぎなどが問題とされてきた2型糖尿病も、食事の質が悪いことが大きな要因であることが分かってきています。カロリー計算をすることなく食事の中身を見直すだけで、症状が改善されるケースが報告されており、予防法・改善法の見直しがされ始めているのです。

**同じ1000kcalだったとしても、ラーメン1杯とサバ定食では栄養バランスが全く異なる**ことからも、食の質の重要性は想像しやすいでしょう。

また、食事の質の問題は経済的視点から見ることもできます。肥満ぎみの女性は標準サイズの女性よりも＄16000（約240万円）ほど収入が低く、肥満ぎみの男性は標準サイズの男性よりも＄8000（約120万円）ほど収入が低いというデータがあります[5]。

このお金と健康の格差は2000年代にいわれ始めていたことで、欧米諸国に限らず、アジアの国々でも確認されています。日本も例外ではなく、所得が600万円以上の世帯に比べて、200万円未満世帯のほうが肥満の割合が高くなっています[6]。

これは、体型によって与えられる仕事の機会が変わるという「見た目重視で不健康な社会の表れ」です。収入が低いことで、選べる食やライフスタイルが限られて、体重が増えるという負のサイクルの表れでもあります。

貧しいと食べる量が減ってやせる、**お金持ちは食べすぎで太る、という発想になりそうですが、実際に起こっているのは逆の現象。**その理由は、経済的に余裕がある人は、野菜・肉・魚・穀物などバランスの取れた健康的な食事を選択することができるから。余裕がないと、比較的安価なジャンクフードや炭水化物に偏った食事を選択することになるためだともされています。

食費にお金をかけないようにしながらお腹を満たそうとすると、炭水化物過多でたんぱく質が少ない食事になります。こうした長期的な栄養バランスの崩れが、体重の増加につながっているのです（ただし以上のお話は、傾向として全体像を見た時のことであります。個人レベルでは、薬の副作用で体重が増える、食べているのに体重が増えない体質など、例外的な場合もあります。体型だけで、その人が何を食べているかの判断はするべきではないことを、補足しておきます）。

人類は、何百万年もの進化の過程で「飢餓を生き延びること」が最重要課題だったため、栄養不足には蓄えて備えようとします。バランスの偏った食事が続き、十分な栄養が摂取できていないと、代謝を落とすことでエネルギーを節約し、いわゆる「蓄えモード」に入ります。女性の場合は、低栄養状態では生殖どころじゃないので生理が止まることも。

例えば、来月に給料がカットされるとしたら、まずは出費を減らすことを考えますよね。反対に、来月に給料が上がると知ったら安心して支出を増やすことでしょう。人間の身体の働きも似ていて、**栄養不足には節約で対応し、身体に継続的に十分な栄養が与えられれば代謝を上げて消費を増やす**のです。

足りないから蓄える。あなたの身体が脂肪を蓄えてしまうのは、カロリー過多よりも、栄養不足が原因かもしれません。

## ☆禁止ルールを禁止せよ。勝手にほしくなくなる方法とは？

食事の質を改善したいからといって、**特定の食べ物を禁止するようなルールを作るのは逆効果です。人間はルールを作って何かを禁止すると、むしろそのことを過剰に意識して破りたくなってしまうカリギュラ効果という心理が働くことも大きな理由です。**

「立ち入り禁止」と書いてあると入ってみたくなってしまうのも同様の心理。お菓子のことを忘れたいから禁止するのに、逆にそのルールのせいでお菓子のことばかり考えるようになり、余計に食べたくなってしまったことはありませんか？　つまり、こういうことです。

この心の仕組みを知らずに、ルールを作っては破るというサイクルを繰り返すと「自分は、なんて意志の弱い人間なんだ!!」と責めるようになり、どんどん食事改善に苦手意識が生まれ、自己嫌悪がつのっていきます。

この負のサイクルを克服するのに効果的なのは、**「禁止するのを禁止すること」**。禁止するのをやめるってことです。

ルールを作って禁止するのではなく、**身体がどうして甘いものを欲してしまうのかを理解し、必要としているものを前もって与えることで「気づいたら自然とお菓子を食べたいと思っ**

**ていなかった」と、欲が自然消滅するように促す**のです。

お菓子が無性に欲しくなってしまうのは、「栄養が足りていないよ！　食べ物を口に入れて！」という脳からのサインです。その先が栄養バランスの取れた食事になればいいのですが、実際には甘いものや脂っこいものばかり摂取しがち。

脳はあなたにもっと食べて栄養を補うようにシグナルを出しているのに、カロリー制限で食事全体まで制限をしていては問題の解決にはなりません。必要なのは、食事制限ではなく「不足している栄養素を追加すること」です。

不足分を補うことにフォーカスすると、必要な栄養素で身体が満たされるので、自然と脂っこいものやスイーツを欲しがらなくなります。**力づくで減らそうとしなくても、勝手に欲しくなくなる**のです。「自然と欲がなくなる」、これこそ健康的に食事改善していくうえで最もストレスの少ない方法です。

ここからは、私の体験をお話しいたします。

私も過去に、コンビニで新作スイーツを1つ買うのが日課で「自分は甘党だからどうしてもお菓子がやめられない」と悩んでいた時期がありました。何度も意志の力でやめようとしたけれど、やめようとすればするほど、反動でファミリーパックなどを買って1日で一人で食べ尽くしてしまうのです。挙句の果てには自己嫌悪に押しつぶされて、すぐに水をガブ飲みしてそのままトイレで嘔吐《おうと》する生活をしていました。

心と身体の仕組みを理解するようになってからは禁止するのをやめ、本当に自分の身体が必要としている栄養を与えながら**「この後でもまだお菓子食べたかったら、食べてもいいんじゃない？」と優しく努力の方向転換を促しているうちに、食べたかったことも忘れ、やけ食いが減っていった**のでした。

身体の声を無視して押し殺し続けていると、いつか爆発して自分の意志ではコントロールすることができなくなります。やけ食い・暴食なども、もともと栄養不足が原因だった食欲を、ルールで抑え続けていたから起こっていたことだったのです。

## ☆「炭水化物」も「脂質」も悪者ではない。全部必要な栄養素です

栄養改善の話には必ず、炭水化物、たんぱく質、脂質、ビタミン、ミネラルという言葉が使われます。ただし、これらの栄養素が身体でどんな役割をしているのかまで知っている人は、案外少ないのではないでしょうか。**流行ダイエットでは炭水化物と脂質ばかり悪者扱いされることが多いですが、本当はどの栄養素も身体にとっては必須のもの。**今一度、各栄養素の働き

を詳しく見てみましょう。

## ①炭水化物

炭水化物は、糖質+食物繊維のこと。食卓に上がるお米やパンなどの食品は「炭水化物」で、それが身体の中で食物繊維と分けられて「糖質」になります（さらに小さく分解されると「糖類」になります）。

糖質は肝臓や筋肉にグリコーゲンとして蓄えられており、血糖として血液に乗って身体中に運ばれます。筋肉は主に糖類を原料に動いており、脳にいたっては糖類しか使うことができません。

十分な糖質供給がないまま筋肉を動かして低血糖状態になると、優先順位の高い脳への供給を確保するために身体の機能をシャットダウンさせ、失神することもあります。糖質供給が少ない生活を続けていると、筋肉量が減ったり、血糖値をコントロールする能力が落ちたり、血中脂肪が増えるなど、健康を害するリスクが報告されています。

食物繊維の多く入った炭水化物は、玄米、全粒子のパン、オートミールなど茶色いことが多く、消化に時間がかかるので血糖値の上昇を緩やかにします。緩やかであることが身体に負担をかけないので、こうしたなるべく加工されていない茶色い炭水化物は、「質がいい炭水化物」

とされています。

## ②たんぱく質

たんぱく質は、筋肉、臓器、皮膚《ひふ》、髪、爪、ホルモン、細胞、抗体などのもととなる栄養素で、身体を作る原料となるものです。肉、魚、卵、穀物、乳製品、豆類などに多く含まれており、胃や腸で分解されて20種類のアミノ酸になります。

体内のたんぱく質は常に合成と分解を繰り返していて、毎日供給が必要です。たんぱく質が不足すると爪が割れたり、肌が荒れたり、免疫力が落ちたりします。たんぱく質の供給量が少ないまま筋トレなどで需要を増やすと、合成が追いつかず風邪を引いたり筋肉量が減ってしまいます。たんぱく質には炭水化物と同じくらいのカロリーがありますが、たんぱく質を摂りすぎても脂肪の蓄積にはつながらないことが分かっています(7)(8)。

## ③脂質

悪者扱いされやすい脂質ですが、他の栄養素同様、身体にとって〝非常に重要な〟役割を果たしています。脂質は、細胞膜やホルモンの原料になったり、肌をカバーして潤いを保ったり、関節をスムーズに動かすのに役立ちます。炭水化物やたんぱく質よりもカロリーが高く、重要なエネルギー源でもあります。

脂質が不足すると、肌がカサカサになったり、便秘になることも。

**悪者扱いされているのは、質の悪い脂質を摂ったり、脂質を摂りすぎたりすることが増えたからだけ。**肉・魚・ナッツなどに含まれる質のよいものを過剰にならないように摂取していれば、健康にとって欠かせない栄養素として活躍してくれます。

## ④ビタミン／⑤ミネラル

炭水化物・たんぱく質・脂質と異なり、ビタミンとミネラルはカロリーがほとんどなく、エネルギー源にはなりません。

その代わり、他の栄養素が体内でより効率的に使われるようにサポートし、身体の調子を整える役割をします。例えば、たんぱく質を摂取した場合、ビタミンやミネラルはそれを適切に消化し、血流に取り込むのを助けます。

人間の身体に必要なビタミンは13種類。ミネラルは、カルシウムや鉄などの16種類。野菜、果物、海藻、乳・乳製品に多く含まれます。サプリメントとして話題に挙がりやすいのは、普段の食事では不足しがちだからであって、他の栄養素よりも身体にいいからではありません。

「この栄養素は悪者だ」「この栄養素はいい」という白黒ついた情報は分かりやすく注目が集まりがちですが、どの栄養素にも役割があり、同じくらい大切です。

よく脂質や炭水化物が悪者扱いされるのは、「質の悪いもの」を〝過剰に〟摂取するから。英語ではよくToo much is as bad as too little.「**多すぎは、少なすぎと同じくらい悪いこと**」と表現されますが、特定の栄養素を避けるような食生活はバランスが取れているとはいえないのです。

栄養素を全てバランスよく摂取することは、家を建てる時に「木材」と「釘」の両方が必要なのと似ています。木材だけたくさん集めても家は建たないし、釘だけがたくさんあっても建ちません。身体の土台をつくるための木材（炭水化物・たんぱく質・脂質）があり、それをつなぐための釘（ビタミン・ミネラル）を互いにバランスよく摂ることで成り立つのです。

1つの栄養素を増やすことに焦点を当てるのではなく、全体を見ながらバランスを向上させましょう。

## ☆3パターンから好きなものを選べる！　理想的な食事とは

栄養の重要性が分かったところで、「それじゃあどんな食事をしたらいいか？」という話をしていきましょう。3パターンを紹介します。

## 【パターン1】

1回分の食事で理想とされる栄養バランスは、ハーバード大学が提唱する「健康的な食事プレート」が参考になります（下の図7）。

## 【パターン2】

先の【パターン1】であるワンプレートの考え方はアメリカの食事スタイルなので、私は日本の定食にも置き換えられるこちらの「手のひら指

図7　1回あたりの食事の健康的な食事プレート（Japanese）

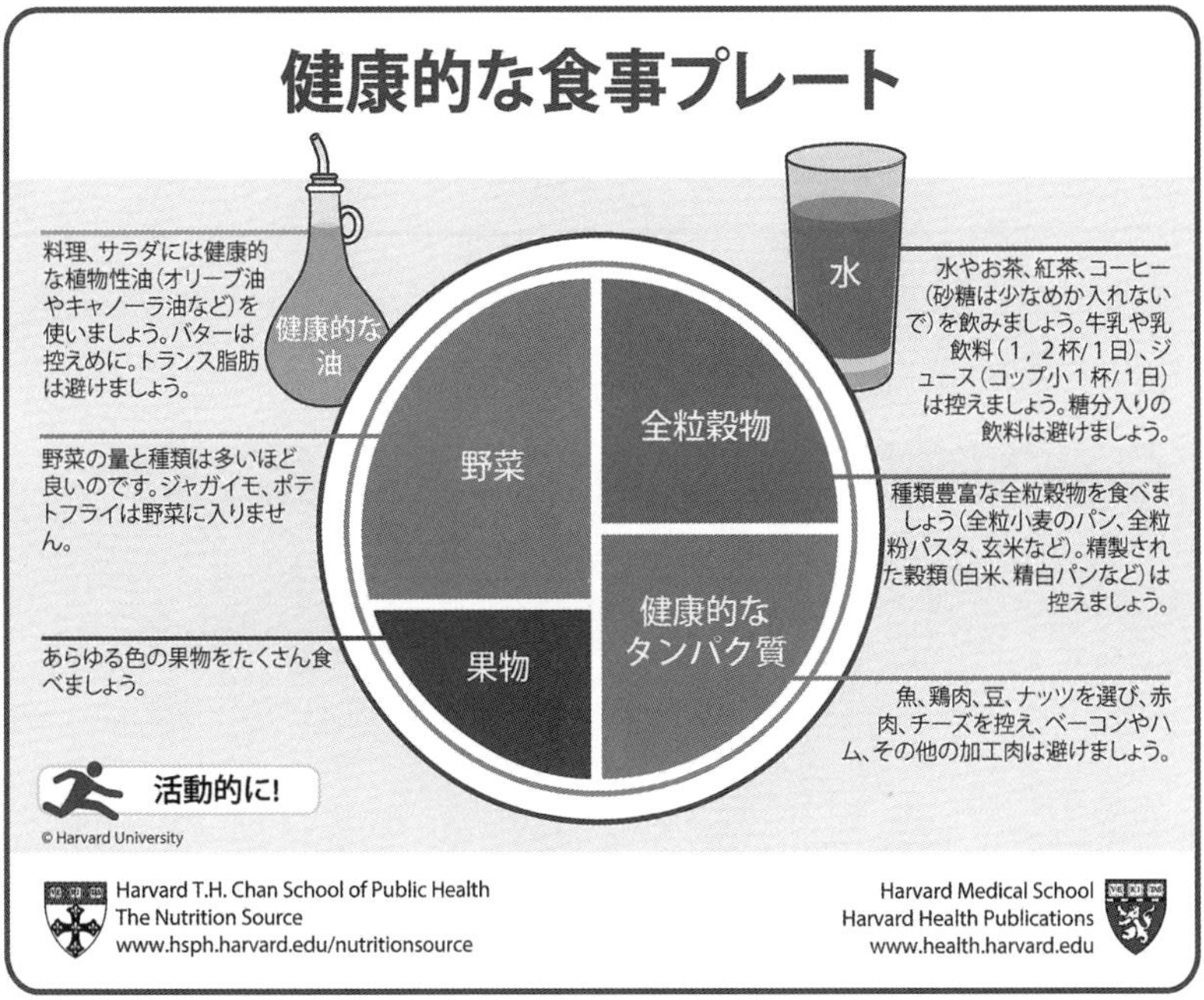
健康的な食事プレート
料理、サラダには健康的な植物性油（オリーブ油やキャノーラ油など）を使いましょう。バターは控えめに。トランス脂肪は避けましょう。
健康的な油
水
水やお茶、紅茶、コーヒー（砂糖は少なめか入れないで）を飲みましょう。牛乳や乳飲料（1，2杯/1日）、ジュース（コップ小1杯/1日）は控えましょう。糖分入りの飲料は避けましょう。
全粒穀物
野菜
野菜の量と種類は多いほど良いのです。ジャガイモ、ポテトフライは野菜に入りません。
種類豊富な全粒穀物を食べましょう（全粒小麦のパン、全粒粉パスタ、玄米など）。精製された穀類（白米、精白パンなど）は控えましょう。
健康的なタンパク質
果物
あらゆる色の果物をたくさん食べましょう。
魚、鶏肉、豆、ナッツを選び、赤肉、チーズを控え、ベーコンやハム、その他の加工肉は避けましょう。
活動的に！
© Harvard University
Harvard T.H. Chan School of Public Health
The Nutrition Source
www.hsph.harvard.edu/nutritionsource
Harvard Medical School
Harvard Health Publications
www.health.harvard.edu

Copyright © 2011 Harvard University. 健康的な食事プレートについてのさらに詳しい情報は、ハーバード公衆衛生大学院栄養学部の栄養ソース（The Nutrition Source）、http://www.thenutritionsource.org とハーバードヘルス出版、health.harvard.eduを参照してください。

標」を使って栄養指導をしています（下の図8）。

■炭水化物（米、パン、麺類、イモ類など）：にぎりこぶし1つ分

■たんぱく質（肉、魚、大豆製品、卵など）：手のひらに乗る量

■脂質（油、バターなど）：親指以外の4本の指に乗る量

■野菜・果物：両手のひらですくえる量

**【パターン3】**

先ほどの2つのパターンである絵を使ったものよりも、数字のほうがイメージしやすいという方は、以下の指標を参考にすることも可能です。

ただし以下の数値は、「1回の食事」ではなく「1日に合計で」必要な栄養素（ただし、野菜・果物だけは食材の重さ）となります。

■炭水化物：250〜325g

図8　「手のひら指標」を使った1回あたりの食事の理想的な各食材の量

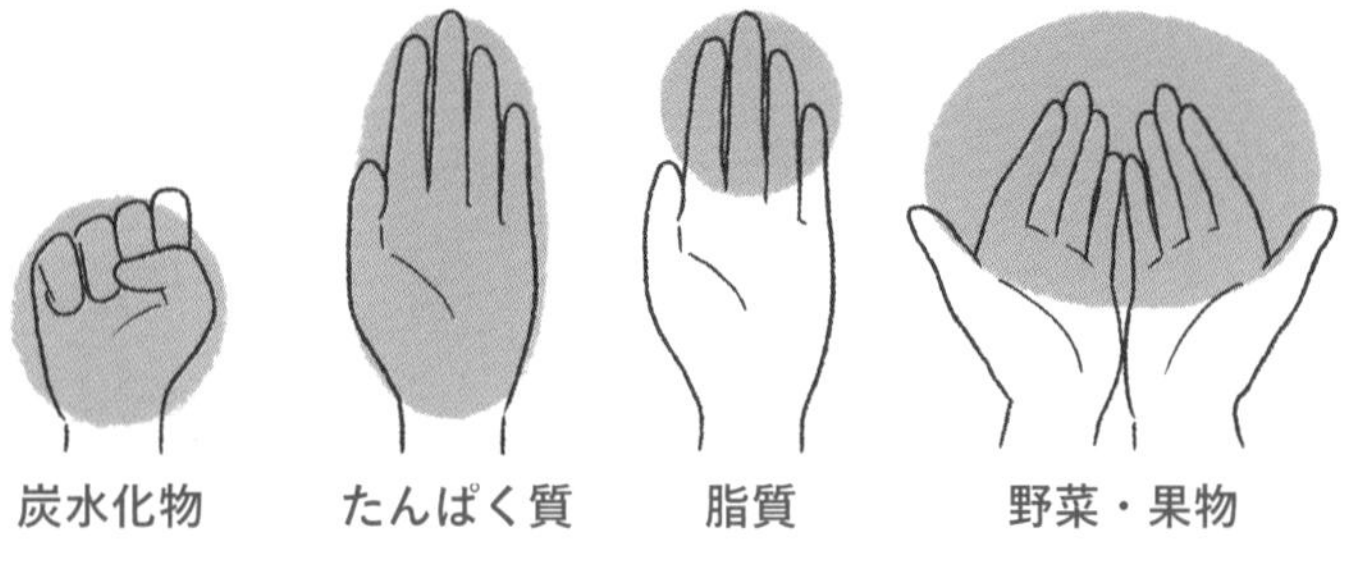

■たんぱく質：体重1kgに対し1g（体重60kgの人なら60g）。活動的な生活の人は体重1kgに対し1・5g（体重60kgの人なら、60×1・5＝90g）

■脂質：40〜60g

■野菜・果物：350g

炭水化物・たんぱく質・脂質は、お皿に盛った量ではなく、食品に含まれる「栄養素」の量なので気をつけましょう。ただし、野菜と果物はお皿に盛った量です。栄養素の量は食品栄養表示にも書いてあり、「卵　栄養」などでネット検索すると調べることもできます。例えば、

■白米の場合、茶碗《ちゃわん》によそった時の重さ（100g）ではなく、白米に含まれる炭水化物の量（37・1g）

■鶏もも肉の場合、肉自体の重さ（100g）ではなく、お肉に含まれるたんぱく質の量（19g）

以上の3パターンとも示す内容は似たようなもので、表現方法が異なるだけです。自分がしっくりくる指標や、普段の生活に取り入れやすいパターンを選びましょう。繰り返しになりますが、【パターン3】だけは1食あたりではなく1日分なので注意しましょう。

身体の機能を維持するためには、本来これだけの量の食事が必要なのです。小さなお弁当箱

に慣れている人は「えーっ⁉　こんなにたくさん……」と驚くかもしれません。

でもこれが、人として生きていくために必要な栄養をカバーする食事。もしこの食事でも脂肪が増えるのであれば、問題の原因は食生活にあるのではなく、運動不足・ストレス・水分・睡眠などにあるでしょう。

## ☆せっかくの苦労を水の泡にしないための……、「方向転換3本柱」

流行ダイエットでは、超上級編の小手先のテクニックばかりが取り上げられます。そういった初耳の面白情報を追うよりも、まずは教科書に載っているような基礎をやることが、ずっと安定して持続した効果を期待できます。

まずは食事改善の基礎を大切に。そのために常に頭に置いておきたい**「方向転換3本柱」**を紹介します。

### 【3本柱　その1】「カロリー計算」より先に「食事の質計算」

カロリーを摂りすぎないように注意することは大切ではありますが、カロリー計算によるダイエットは、代謝やホルモンが正常に働いていてこそ機能するもの。長年、カロリーを減らすことばかりに注力してきてエネルギー不足・栄養不足になっている人は、自分でも気づかないうちに身体の機能が低下しているかもしれません。

「食べてないのにやせない」「体温が35度台」「朝から疲れている」「疲れて運動する気すら起きない」という人は、低栄養生活で「蓄えモード」に突入している可能性があります。

カロリー計算の前に食事の質を改善し、ホルモン・代謝の機能を改善することを優先しましょう。

## 【3本柱　その2】「減らす」より先に「増やす」

栄養が足りないことで起こる食べたい欲は、「○○を減らそう」という方針では解決しません。「欲が自然となくなる」を目指すために、不足している栄養を増やすことを優先にして身体を満たしていきましょう。

先ほどの理想的な食事を見ても分かりますが、食事の質を改善して身体に必要な栄養素をしっかりカバーしようとすると、食事量は増えることもしばしば。「食べる量は少ないほうがいい」をずっと意識してきた人にとっては非常に難しい思考の転換ですが、減らすよりも先に増やしてください。

食べる量が増えること自体は、決して悪いことではありません。足りていない栄養素を増やし、余分なものを必要と感じない生活を送っていれば、食べる量が増えても身体はしっかり代謝してくれるようになるのです。

## 【3本柱　その3】「運動」よりも先に「食事改善」

日常生活で運動を習慣化することは、座りっぱなしな現代のライフスタイルにおいて欠かせないことです。とはいえ、ダイエットにおいて栄養と運動は「8：2」といわれるほど、食事は重要な役割を果たします。

食事改善の前に運動を始めてしまうと、よかれと思って始めた新習慣で身体を痛めつけることになってしまいます。運動習慣を始めた数週間後に風邪を引く、というのはよくあるパターン。健康的なライフスタイルを始めるには、まずはしっかり、十分に、バランスよく食べて、それから動くようにしましょう。

運動開始時の免疫力低下は、身体を回復させるのに必要な栄養が足りなくなることで起こります。車を動かすのにガソリンが必要なように、身体も動かすためには前もって燃料が必要。これがないと、もともとのホルモン・免疫・皮膚・生殖器官・筋肉に使われるはずだった栄養素を借りてきて不足分を補うことになります。これでは借金を返すために借金をつくっているようなもので、身体にとってはプラスとはいえません。

そんな生活を続けると、運動しても成果が出ないばかりか、人によってはむしろ「足りないから蓄える」で体重増加につながることも。運動はよいことですが、とにかくやれば効果が出る魔法ではないのです。

ワーク

# 「自分にピッタリの理想の食事」を見つけて食事改善をしよう

理想の食事は、その人の体格やその日の活動量によって異なります。まずは一般的に理想的とされているアイデアをスタート地点にし、そこから自分のライフスタイル・体質にピッタリ合うように足すべきものや減らすべきものを変えていきましょう。

## ①現状把握

■先に示した3種類の【パターン】のいずれかを参考にしながら、現在の栄養バランスの偏り具合をチェックしてみましょう。該当するところに○や✓（チェック）をつけてください。

## ②理想的な食事に近づける

■3回の食事、または補食（おやつ）で、1番改善しやすそうなものを選びましょう。難易度が高そうなものは後に回し、まずは「簡単に変えやすいもの」から変えるのがコツです。

■1ヶ月その改善にフォーカスしたら、次は2番目に改善しやすそうなものを追加します。

■また1ヶ月その改善にフォーカスしたら、1番難易度が高そうなものの中から1つの栄養素を選び、それにフォーカスして改善します。どうしても難しい場合は、足りない栄養を補食で補えないか検討しましょう。

**朝食**

| | 不足 | ばっちり | 過多 |
|---|---|---|---|
| 炭水化物 | | | |
| たんぱく質 | | | |
| 脂質 | | | |
| 野菜・果物 | | | |

**昼食**

| | 不足 | ばっちり | 過多 |
|---|---|---|---|
| 炭水化物 | | | |
| たんぱく質 | | | |
| 脂質 | | | |
| 野菜・果物 | | | |

**夕食**

| | 不足 | ばっちり | 過多 |
|---|---|---|---|
| 炭水化物 | | | |
| たんぱく質 | | | |
| 脂質 | | | |
| 野菜・果物 | | | |

**補食（おやつ）**

| | 不足 | ばっちり | 過多 |
|---|---|---|---|
| 炭水化物 | | | |
| たんぱく質 | | | |
| 脂質 | | | |
| 野菜・果物 | | | |

## ③自分にピッタリの食事にアレンジする

■一般的な理想の食事に合わせて数ヶ月試してみて、「その食生活はこれから10年先まで続けられるか？」を考えてみましょう。
■100％を目指さなくて大丈夫。10年後まで続けたくなるようなペースで、70～80％くらいを目指しましょう。
■大変な点、特にメリットを感じた点をリストに書き出してみましょう。
■大変な点を削った食生活で1ヶ月暮らしてみながら、「大変だけど削ったら身体に悪影響があるもの」「削っても問題なかったもの」を探して、本当に自分に必要なものに絞っていきましょう。

# 第6章

「勝手にやせる」仕組みを作る【その3】

# 「ストレス」の正しい考え方＆ワーク

## ☆暴飲暴食だけではない！　ストレスで太ってしまう理由とは？

ストレスが身体に悪影響だというのは周知の事実ですが、ダイエットにも大敵。**短期的にはやけ食いや暴食といった過食行動につながり、長期的には体重増加につながることが分かっています**（1）（2）。

ストレスが身体の中でどう影響して体重増加という結果を生んでしまうのかは、ホルモンが関係しているので第8章（p185～）で詳しく説明しますが、**単に暴食でカロリー摂取量が増えるからではありません。**

**ストレスが臓器の働きに悪影響を及ぼすことが関係しています。**ストレスが心臓発作の原因になることは有名ですが、それ以外にも血液の循環が悪くなる、血糖値が上がりやすくなる、筋肉が硬くなる、免疫力が落ちる、水分の循環が悪化してむくむなど、その影響はさまざま。

本来、ストレス自体は身体に悪いことではありません。私たちの身体は、危険な動物から逃げるために短期的ストレスに上手に対応しながら、生き延びるように進化してきました。少し緊張感がある状態のほうが、脳の機能を活性化させるなどのポジティブな効果もあります。

しかし、現代社会は長期的ストレスにさらされる生活。水が漏れる限界まで注がれたコップのように、ストレスいっぱいの生活をしている時に「さあ、ダイエットを始めよう！」とさらにタスクを増やしてしまっては、よかれと思ってやることも逆効果になってしまうでしょう。

また、ストレスといっても仕事や家庭などの忙しさからくるものだけではなく、普段浴びる言葉からも影響されます。第2章で紹介したファットシェイミング（太っていると人を侮辱する行為）から起こる体重増加や鬱や過食行動も、言われた側の多大な精神的ストレスが起因しています。これは人から言われた時だけに限らず、鏡に映る自分に「今日もデブだな」とネガティブな言葉をかけることでも同様のことが起こります。

自分にネガティブな言葉がけをしていること自体が、自分を理想から遠ざけているので、できることなら避けたい行為なのです。**仕事や家庭での心身のストレスを減らすだけでなく、鏡の自分にかける言葉を変えたり、ファットシェイミングしてくる人を避ける**ことで、身の周りのストレスの原因を減らし、ダイエットの効果が反映されやすい環境をつくってあげなければいけません。

## ☆ストレスを感じない人ほど要注意なのはなぜ？

ストレス過多の緊急事態から解放されてリラックスした身体は、私たちが想像するよりも明らかにその変化をもたらします。

長期休暇を取ったら体重が３kg落ちたワーママ（育児をしながら働く女性）のAさんの例を紹介しましょう。産後十数年が経って落ちない体重と戦うために、仕事と家庭の時間の合間に運動することを習慣化していた40代の母親です。

少しずつ体重が落ちてきた頃、年末休暇で２週間、仕事も運動も休んで旅行に出かけました。好き放題食べて、お酒も飲んだことでしょう。帰ってきて「どれだけ増えてるか怖い……」なんて言いながら体重を量ってみると、旅行前より３kgも落ちていたのです。

即やせの仕組みと同じで、人の身体は２週間で脂肪を３kgも燃やせるようにはできていないので、このほとんどは身体に溜まっていた水分、つまりむくみです。緊張状態から解放された身体は、溜め込んでいた水分を流した結果、３kgも落ちたのです。

こうした**心身に優しい環境を長期的に維持していけば、臓器も本来の働きを取り戻し、エネルギーを効率的に使える身体になっていきます。**この母親の例は短期的な反応でしたが、他にも「ストレスの高い仕事をしていた時に体重が増えたけど、転職をして環境が変わってからは特に食事制限も何もしていないのにやせた」「夫婦仲が悪かったけど、離婚をしてしばらく経って生活に活力が出たせいか、服のサイズも落ちた」という例は、現場ではよく聞く話。

時々**「私はストレスを感じないほうなんです」と言う方がいるのですが、このタイプは特に要注意**です。ストレスを〝感じない〟のではなく、ストレスを〝自覚できない〟タイプである可能性が高いからです。自分でストレスを自覚するより先に、胃腸炎、燃え尽き症候群、さらには大きな疾患など、身体に異常が出ることがあります。

自分のストレス状態に鈍感な人ほど頑張りすぎることができるので、Aさんのように「ストレスがなくなって初めて、どれだけ自分の身体が堪えていたか分かった」ということになってしまいがち。ストレスを感じない人間はいませんので、**鈍感な人ほど定期的にまとまった休暇を取り**、肩の荷を全部下ろして最高のリラックス状態をつくるのを忘れないようにしなければいけません。

# ☆休むことも立派なトレーニングである

昭和のスポ根時代のやり方が否定されるようになってしばらく経ちましたが、No pain, no gain.「痛みなくして成長なし」に代表されるハッスルカルチャーはまだまだ根強く残っています。今でも「1日休んだら取り返すのに3日かかる」と休みを悪者扱いする風潮は抜けておらず、ダイエットの現場でも「頑張れば頑張るほど結果が出るに違いない」と、疲れ切った身体にムチを打ちながら運動する人が絶えません。最近は変わってきたという声も聞きますが、疲れ切った身体をジムに引きずって来たことが「えらい！」と賞賛される場面に遭遇することも未だに頻繁にあります。

こうした誤解から、私自身も「パーソナルトレーナーだから、厳しい食事制限と運動習慣をしているに違いない」という偏見と誤解を持たれていることは日常茶飯事です。新しい人に会うと大抵「毎日運動してるんでしょ？」「お酒も飲まないんでしょ？」「スイーツも食べないんでしょ？」と聞かれます。

実際は、もっと普通の〝人間っぽい生活〟をしています。そんな厳しい生活をしていたら、何年もこの仕事を続けられないので……。運動は週に2〜3回程度、お酒も社交の場では飲みますし、スイーツも大好き！

栄養の第5章でもお話ししましたが、大体、**自分が「ここまでできたら完璧だろうな」と思うことの70〜80％くらいを目処に生活しています**（そう説明すると、期待外れのようでガッカリされてしまうのですが……）。

ダイエットは、厳しさで効果の量が決まるわけではありません。筋トレ科学が進むにつれて、**「休むこともトレーニングのうち」といわれるようになり**、スポーツやフィットネスの業界でもNo pain, no gain. 的な考えを見直そうとする動きが少しずつ広がっています。

「言い訳せずにとにかくやる」というのはなんとなくかっこよくて、一見モチベーションを上げるのにいいような気がしますが、数々の科学研究がこのメンタリティの悪影響を示唆し始めています。このメンタリティの根っこには、休

むことへの罪悪感からくるunder-resting「休まなすぎ」があります。罪悪感のせいで休むべき時にも「一度決めたことだからやり通さなきゃ」と押し通してしまったり、自分にメリットがあるかどうかではなく「罪悪感を持たないために何をしたらいいか」で判断するようになってしまい、知らぬ間に努力の方向性が本来の目的から外れてしまうのです。

**「休まなすぎ」の傾向がある人は、ダイエットの目的が「頑張ること」になっていないか、立ち止まって確認する癖をつけるようにしましょう。**

## ☆どうせ努力するのなら、ストレスを減らすことに向けてみよう

結果が出ないのを「自分の頑張りが足りないからだ」と責めるのは、ダイエットでは通用しません。第1章でも述べましたが、そうやって身体にムチを打って身を削ってでも手に入れる成功なんて、健康でも幸福でも自分磨きでもありません。これ以上がむしゃらに頑張るのはやめましょう。

努力を増やす前に必要なのは、むしろストレスを減らすこと。その方法の1つとしてエクササイズが注目されています。日本ではまだまだ「運動＝ダイエット」のイメージが強いですが、その潮流は世界中で変わりつつあります。

エクサイズニュージーランドの統計によると、２０２２年にはメンタルヘルスのためにエクササイズをする人が63％にも上りました。これは２０１８年の７％から大きな変化です。ストレス社会といわれている現代社会で、その**ストレスを対処する方法としてのエクササイズが注目されている**のです。

フィットネスというと、ボディビルディングのように見た目にフォーカスしたエクササイズを連想するかもしれません。しかし時代は変わり、今は「ライフスタイルとしてのフィットネス」の需要が増えてきています。

フィットネス先進国の国々では、メンタルヘルスのためにフィットネスをする人たちが多く、フィットネスジムもマーケティングの焦点を移し始めています。アメリカのEquinox、イギリスのThird Space、北欧のＳＡＴＳ、ニュージーランドのLes Millsなど、次々と大手のジムが「健康で幸福度の高いライフスタイルの一部に、フィットネスがある」という姿勢を示しているのです。

# ☆運動の時間の優先順位を上げる方法

新習慣を上手に予定に組み込めないことや、気分がそこまで乗らないのにダイエットに無理やり取り組むのは、ストレスに感じる人が多いでしょう。そこで、時間のつくり方についても、ここで触れることにします。

運動をしようと思い立った時に、1番問題となるのは「いつやるか」でしょう。現代人の忙しい問題は万国共通で、「運動する時間がない」は、運動を習慣化できない理由として常にトップに君臨します。しかし、この「忙しいから運動ができない」を別の視点から考えた方がいます。

タイムマネジメントの専門家ローラ・ヴァンダーカムは、忙しい人たちの時間の使い方を研究し、時間の使い方は優先順位で決まることを発見しました。詰め詰めのスケジュールの生活をしている中、突然家の給湯器が破裂して家中水浸しになってしまったとしましょう。その日のうちに仕事のスケジュールを変更して配管工の連絡先を探し、1番早く来てもらえる時間帯に合わせて自分のスケジュールをこじ開けるでしょう。あれだけ何も入る隙間のなかった詰め詰めのスケジュールに「給湯器を直して水浸しの床をきれいにする」というタスクが入ってしまいました。

これは、「給湯器を直して家を生活できる状態にする」ということへの優先順位が、仕事や家事などのタスクよりも上に来たからできること。似たように、運動を始めることだって、自分の身体の管理の優先順位を高くすれば、詰め詰めのスケジュールにもその時間を見つけることは可能なのです。

「忙しくて○○する時間がない」というのは「○○の優先順位が他のものよりも低い」と言い換えることができます。つまり忙しくて運動ができない人は、**運動の優先順位が低くて24時間の内訳に入らないということ。**今のスケジュールのままで生じる隙間にねじ込もうとしている限り、運動がその内訳に入ることはないでしょう。

近年では、そういう隙間時間を使った習慣化の方法も推奨されてきています。5分だけやるのも、何もやらないよりはマシという考え方もあるでしょう。しかし、隙間にねじ込んでいる限り、運動習慣が根付かず続かなくなっていくのも目に見えています。

フィットネスがある生活を新しいライフスタイルにしていきたいのであれば、どこかの段階で必ず、今のスケジュールをまるっきり見直す必要性が出てくるでしょう。部屋を整理整頓《せいとん》する時に、戸棚に入っているものを全部取り出して必要なものから入れていくように、**白紙のスケジュールに始めたい習慣から先に入れていく**のです。

ヴァンダーカム氏のストーリーは、TEDトークでまとめられています。日本語の翻訳もついていますので興味がある方は検索してみてください。

●「自由時間を上手に使いこなす方法」How to gain control of your free time https://www.ted.com/talks/laura_vanderkam_how_to_gain_control_of_your_free_time/transcript?language=en

## ☆コントロール可能か不可能かで、ストレスを分類する

### ①身体的ストレス

身体的ストレスは、over-training、over-working、under-resting（使いすぎ、働きすぎ、休まなすぎ）などで身体が酷使される時に慢性化します。マッサージ・ストレッチ・鍼《はり》・湯船などで回復を促す時間を取らなかったり、せっかくの休日を充実させたいからと予定を詰め込んでいたりすると、すり減った身体が回復する間もなく次の負荷が重なり、怪我や慢性的痛みにつながります。

他にも、栄養不足、睡眠不足、水分不足、寒すぎ・暑すぎ、長時間同じ姿勢でいるなど、環

境・生活習慣も要因になります。身体の痛みや疲れは精神的ストレスにもつながるため、身体のケアがメンタルケアになることもあります。

普段と異なる環境やアクティビティでストレスを発散するのは「リフレッシュ」であり、ゆっくり自分の心と身体を休ませてあげる「リラックス」とは異なります。この2つを区別して休暇を計画しないと、せっかくの休暇で身体的ストレスが増加することもあるので要注意です。

## ②精神的ストレス

精神的なストレスには、「自分ではどうにもならないもの」と「自分がコントロールできるもの」があります。

「自分ではどうにもならないもの」は、例えば、他人が自分のことをどうジャッジするか、自然災害、不況など。自分だけで防ぐことができる問題ではないので、状況を受け止めて対応を変える、あるいは、その環境自体から抜け出すことが、ストレスマネジメントになります。自分には変えられないものに無駄なエネルギーを使うのではなく、自分で変化を起こしていけるものに力を注ぐために方向転換をするのがポイントです。

「自分がコントロールできるもの」は、日々のスケジュール調整や、物事の捉え方、災害や不況に対する予防・対応などが該当します。英語にはControl controllable.「自分がコントロールできるものをコントロールしなさい」というフレーズがあります。例えば、生活の中で優先順位の低いものは後に回したり、他の人に頼んだり、自分のストレスの原因になっているものを思い切って切り離したりすれば、予測できる災難に備えて準備することができます。

ストレスマネジメントで大切なのは、自分の「身の周りのストレス源」とその「対処法」を知ること。まずは、身体的ストレスと精神的ストレスになっているものをリストアップして、**身の周りのストレス源が何なのか見える化してみましょう。**次に、それぞれの対処法について「取り除けるか？」「対応を変えられるか？」「捉え方を変えられるか？」と、角度を変えながら考えてみてください。

漠然とした不安感や疲労感を感じている人は、自分がストレスに感じているもの、不安に感じるものなどを紙に書き出して、**どれが「自分ではどうにもならないもの」で、どれが「自分がコントロールできるもの」なのかはっきりさせてみる**ことから始めてみるのもいいでしょう。

人間が100歳まで生きるようになったのは人類史上初めてのことで、メンテナンスやリラックスの時間をつくってあげないと必ずどこかで不調が出てきます。100年間もオイルをささずに走り続ける車など存在しないように、100年間生きる人間にも定期的なメンテナンスが必要なのです。自分の車のほうがメンテナンス（車検）を受けている頻度が高いという人は要注意です。

ワーク

# ストレスと上手に向き合うことで、心と身体に優しい生活を手に入れよう

## ☆ストレスを効率的にコントロールする「ストレスマネジメント法」

①紙とペンと蛍光ペン2本を用意します。
②紙に「身体的ストレス」と「精神的ストレス」と書きます。
③それぞれの項目の下に、身体の不調と精神的なストレスになっているものを、思いつくだけ全部箇条書きにしてみます。
④「自分ではどうにもならないもの」と「自分がコントロールできるもの」を、別々の蛍光ペンでなぞります。

⑤自分ではどうにもならないものには、ストレスを軽減するために対処法をどう変えられるかを書き出します。
⑥自分がコントロールできるものには、どうやって変えていくか・いつまでに変えるかを書き出し、次のワークの「やらなきゃいけないこと」リストに加えます。

## ☆効率的に時間をコントロールする「優先順位の整理法」

①紙とペンを用意します。
②紙に「やりたいこと」と「やらなきゃいけないこと」と書きます。
③それぞれの項目の下に、やりたいこととやらなきゃいけないことを、思いつくだけ全部箇条書きにしてみます。
④やらなきゃいけないことを、やる重要度や期限を考慮しながら、やる順番に番号をふっていきます。
⑤やりたいことを、やりたい度合いや時期を考慮しながら、やる順番に番号をふっていきます。
⑥それぞれ1から順にスケジュールに入れていき、やりたいこともやらなきゃいけないこともやれるよう、スケジュールを調整していきます。

# 第7章

「勝手にやせる」仕組みを作る【その4】

# 「水分摂取」の正しい考え方&ワーク

## ☆取れないむくみは「水分不足」が原因だった

人間の身体は、体重の60%ほど（子供75%〜高齢者50%ほど）が水分でつくられていて、身体が正常に機能するために水は重要な役割を果たしています。血液、唾液、尿、汗のように水分は常に身体中を巡り、外にも出ていくため、水分の供給量が1日を通して少ないことは身体にとっては大きなダメージになります。人間が食事をせずに生きていけるのは数週間（2〜3週間といわれている）なのに対し、水を飲まずに生きていられるのはたった5日間ほど（諸説により違いがあり、3〜7日や、4〜5日などといわれています。季節や排せつ量など、あらゆる要素によって決まるので）。

身体は常に水分の量が一定になるように調節をしていて、不足している時は尿の量を減らして喉《のど》が渇《かわ》いたと感じさせ、多すぎる場合は尿を増やして排出します。このバランスはかなり敏感で、ほんの数%不足しただけで身体に不調が出てしまうほど。数々の研究で、体重の約1〜3%の水分が抜けてしまっただけで、頭痛、疲労をはじめ身体・精神機能の低下につながることが報告されています(1)。

そんな大切な**水分の供給が足りないとなったら、**身体はどう対応するでしょうか？　栄養と同じで、身体は非常事態に備えて一生懸命蓄えようとします。それが**「むくみ」となって表れる**のです。

**むくみと聞くと「余分な水分があるのだから、水分摂取は控えたほうがいい」という発想になりそうですが、実際はその逆。**水分が足りないからむくんでしまうのです。

リンパマッサージや運動がむくみ改善に効果があることは確かですが、それは一時的な対処。むくみという症状を原因から対処するのであれば、むくみの本当の解決策は「十分な水分を供給してあげること」なのです。

もともと1日に1リットルも飲まないような水分不足の人はもちろんのこと、ダイエットのために運動を始めたり、健康のためにサウナに通ったり、気温が上がってきた時にも水分の摂取量を増やす習慣がない人たちは全員要注意。出る量が増えているのに供給量が追いついておらず、水分不足になっているかもしれません。

サプリメントや美容グッズなどに頼る前に、水分摂取量に改善すべき点はないでしょうか。水分不足であなたの努力が台無しにならないように、今一度、水分で解決する身体の悩みについて考えてみましょう。

## ☆身体が潤《うるお》うと起こる「10の変化」

ライフラインである水分の供給を絶やさないために、人間の身体は少しの不足で「水分不足のサイン」が出るようにできています。長年水分不足の人は、その不調が「日常化するあまり、普通」だと感じたり、「体質だから仕方ない」と思ったりしているかもしれません。

でも水分をしっかり補給し始めたら、その違いを実感するのに1ヶ月もかからないでしょう。

諸説ありますがさまざまな研究で、1日1・5～3リットルの水を30日間飲み続けることで、以下の変化が報告されています（2）（3）（4）（5）（6）。

### ①肌質の改善

水分不足では肌を通じた呼吸や老廃物の廃棄もうまく行なわれず、毛穴の詰まりやアクネ菌（ニキビの原因にもなる菌）の増殖につながり、炎症を起こします。水を摂ることでニキビを防げるだけでなく、毛穴が締まり、トーン（明るさの度合）が上がることも期待できます。

化粧ののりが悪いと感じている人は、より高い化粧水に頼る前に、水分摂取量を見直してみるといいかもしれません。

## ②目が覚める

朝起きた時に感じるダルさや1日を通じて取れない疲労感は、水分不足のサインの1つです。水分不足で睡眠の質が下がることも、疲労感に関連しているでしょう。

身体がエネルギーに満ち溢れ、頭もシャキッとすると、集中力の向上にもなります。朝イチはコーヒーの代わりにコップ1杯の水を飲むほうが、疲労感の原因の対処になり、より効果的かもしれません。

## ③体重減少

食事の前に水分摂取をすることで、体重が減少することが数々の研究で分かっています。タイミングは食事の30分ほど前からとされていますが、諸説あるので自分が都合のつきやすいタイミングや、効果を実感しやすいタイミングがよさそうです。

便秘改善にも効果的で、むくみが減ることも、体重減少に貢献していると考えられます。

## ④シワの減少

肌に含まれる水分量が増え、ハリが生まれます。加齢によるシワの増加も、皮膚に含まれる水分の減少によるものなので、肌に水分が戻るとアンチエイジングの効果があるでしょう。

30日間、普段の生活に2リットルの水を足したことで皮膚の水分量が増加し、肌質が向上したことが報告されており、普段の水分摂取量が少なかったグループでより大きな変化が見られました。

## ⑤腎臓《じんぞう》の機能向上

私たちの腎臓は1日に200リットル近い血液を処理しており、24時間で生成される尿は1・5~2リットルに及ぶこともあります。

体内でいらなくなったものを尿として排出していますが、水分摂取が十分でないと腎臓の機能の効率が落ち、排出できる尿の量も減ってしまいます。腎臓の機能向上は、余分なものを蓄えない仕組みづくりには欠かせません。

## ⑥筋肉の痛みの減少

筋肉は脂肪より水分を多く含んでおり、その約80%が水分でできています。そのため運動などで水分が失われると、筋肉の機能やコンディションに大きな影響が出ます。痙攣《けいれん》やこむら返りもその症状の1つ。

水分不足による筋肉の硬さは、マッサージやストレッチなどでは改善されにくいため、慢性《まんせい》的《てき》な肩こり・腰痛がある場合は、運動やストレッチをするだけでなく、水分摂取量も同時に増やすとその効果を実感しやすくなるでしょう。筋肉は関節にまたがってついているので、関節痛にも効果が期待できるはずです。

## ⑦記憶力向上

脳も約80％が水分でできているので、水分不足は脳機能に大打撃。年齢、性別に大きな差はなく、身体の水分量が1～3％減少するだけで、記憶力が低下することが報告されています。

水分不足で睡眠の質が落ちることからも、記憶力への影響が考えられるでしょう。

## ⑧栄養吸収の改善

水分を十分に摂取していると、体内で栄養を運ぶ血液の量が増えます。胃腸などの臓器の機能が改善して栄養がより効率的に吸収されるだけでなく、血流のシステムが正常に機能することで、血液中に吸収された栄養を運ぶ効率もアップします。

## ⑨免疫力向上

水分不足で栄養吸収の効率が落ちると、白血球の働きにも悪影響が生じます。また、免疫機能で重要な役割を果たすリンパ液の生成も減るため、老廃物（傷ついた細胞など）、細菌、ウイルスなどを身体の外に排出する効率が落ちてしまいます。

数ヶ月に1回は体調を崩しがちな人は、水分を摂る量や出る量が変わる時期（季節の変わり目、環境の変化など）と関連していないか注視してみましょう。

### ⑩気分向上

たった1〜3％の水分減少が、疲労感や不安障害の症状につながる傾向があることが分かっています。定期的に水分摂取をする習慣があることで、こうした精神面の向上をうながし、運動をする元気が生まれたり、何か新しいことにチャレンジしたりする気持ちも生まれてくるでしょう。

## ☆四十肩が水分摂取改善で解決してしまった

長年悩んでいた四十肩が、水分摂取量の改善でなくなったCさんの例を紹介しましょう。

左腕を肩よりも高く上げようとすると左肩に激痛が走り、生活に支障が出るようになっていました。左肩をかばうので肩こりもひどくなり、何をするのにも億劫《おっくう》になるように。整体やマッサージに通っても一旦はよくなるけれど、すぐ元通りになってしまうことの繰り返しだったそうです。

栄養や運動についてヒアリングを進めていくうちに水分摂取量が足りないことが分かり、食事や姿勢の改善と同時進行で、水分摂取量も優先的に上げていくことにしました。朝ごはんはお腹が空かないからとコーヒーのみになっていたのを、水や、カフェインの入っていない水分を摂るようにしました。食事は少ないほうがいいという方針を信じてかなり少食にもなっていたため、栄養バランスを優先して食べる量を増やすことも試みました。こうした水分・栄養摂取の改善のうえで、エクササイズは軽い強度で始めることにしたのです。

痛みもなくまっすぐバンザイができるようになるまでは、2ヶ月もかかりませんでした。長年の痛みがなくなったことで、色々な運動やアクティビティにチャレンジするバイタリティも生まれてきたのです。代謝も改善し、食べるのが大変だった朝食も自然と食べられるようになりました。

もともと私とセッションを開始したのは、四十肩を治す目的ではなく全体的に健康になるためでした。それが功を奏したのか、**生活に支障をきたしていた痛みがなくなり、代謝が改善してエネルギーに溢れた心身を取り戻したことで、生活の質は見違えるほど向上した**のです。

Cさんが笑顔で新しいことにチャレンジしていく姿は、私の指導経験の中でも特に印象的で、

「身体が潤うと、身体の不調も改善する」を再認識する出来事でした。

## ☆水分摂取は「量」よりも「体調の変化」で見つけ出すべし

「それじゃあ、たくさん水を飲もう！」と水筒を買いに行きたくなる気持ちも分かりますが、**ただ水を飲んでもそれがそのまま身体に吸収されるとは限りません。**

口から入った水が胃や腸の壁を通り抜け、血管の壁も通り抜け、細胞膜まで通り抜けて身体の必要な場所に届くためには、そのプロセスそのもので栄養素が必要になります。トラックに荷物を載せて高速道路で運ぶために、ガソリンや人件費が必要なのと同じで、水分を吸収して身体の隅々に運ぶのにもコストがかかるのです。

身体の場合、そのコストとはナトリウムなどのミネラルのことで、これは食事から摂り入れることが求められます。そのため**水分摂取の改善は、栄養改善と同時進行で行なうとより効果的**です。

その日の気温、体調、運動量によっても必要量は変わります。1日1・5〜3リットルの水分を摂取しましょうというガイドラインが多く見受けられますが、その人の体格や生活スタイルによって適正量は大きく異なります。**水分摂取量が十分かどうかは、飲んだ水の量ではなく「身体の様子」で判断しましょう。**

水分が足りているかは、先ほどの10の変化を実感できるかどうかに加えて、「身体のむくみ具合」でも判断できます。いつもの指輪が入らなかったり、朝起きた時に手のシワが少なかったり（むくむと指の関節などの皮膚の凹凸は浅くなります）、1日の終わりに靴下の跡が深く刻まれていたりする時は、出る量に対して入る量が足りなかったり、飲んでいるのに吸収されていないと考えられます。栄養・ストレス・睡眠・運動・ホルモンなどの他の項目でも問題点がないか確認しながら改善していきましょう。

いきなり水分摂取量を増やすと、身体はその変化に追いつくことができずに、夜中のトイレで起きてしまったり、やたらとトイレに行く回数が増えすぎてしまうなどの支障が出てしまいます。1・5〜3リットルはあくまでも目安なので、身体にポジティブな変化が表れる量とペースを優先してください。

短期間に大量の水を飲んでしまうと、血中の塩分（ナトリウム）濃度が急激に下がり、最悪死亡するケースも報告されています。**1日を通して定期的に飲むことが大切で、夜のトイレが気になる人は、なるべく日中に飲むようにしましょう。**

コーヒーや紅茶などにはカフェインが含まれており、その利尿作用の影響を受けやすい人もいます。影響の受けやすさは個人差が大きく、専門家の間でも意見が分かれるトピックなので、自分の体質に合わせて判断するようにしましょう。

**自分がカフェインの影響を受けやすいかどうか分からない場合は、いったんコーヒーやお茶などカフェイン飲料を飲まない生活をしてみて、自分の身体が改善するかを観察**しましょう。

## ☆「水分を食べる」で水分不足を解消しよう

水分摂取というと、水筒を持ち歩いて飲む量を増やすことにばかり焦点が行きがちですが、**私たちは1日を通して食べ物からも水分を摂り入れていることを忘れてはいけません。**「水分を食べる」というのも大事な水分摂取の方法の1つなのです。

ご飯を炊く時に使う水の量やスープに含まれる水分量を考えたら想像しやすいように、食事にはたくさんの水分が含まれています。夏場に食事を抜いていると熱中症・脱水症状になるリスクが上がることも知られており、食事が担う水分摂取の役割は私たちが思う以上に大きいのです。

朝食を抜いている人、忙しすぎて昼ごはんを軽く済ませる人は、食事量を増やして「水分を食べる」を意識してみましょう。

また、**水分を食べるメリットは栄養面にもあります。**普段の食事は平均して20%が水分といわれています。一方、野菜やフルーツは8~9割が水分で、普段の食事に追加することで足りなくなりがちな食物繊維やビタミン・ミネラルも一緒に摂取することができます。

水ばかり飲むのだけでは摂取できない栄養を追加することができるので、3回の食事で足りなくなりがちな栄養を**間食としてフルーツから摂取したり、普段の食事にサラダやフルーツを追加したりするようにしましょう。**

喉が渇いた時には、すでに1~2%の水分が抜けた後といわれています。つまり、喉が渇いてから水を飲むのでは遅いということ。特に、年を重ねると「喉が渇いた」と感じる機能が落ちていくので、常に水分不足になりがちです。

喉が乾くまで待ってから水分を摂取するのではなく、**1日3回の食事や間食で定期的に水分**

を「食べる」、それに加えて、朝起きた時、食事の前、出かける前、帰ってきた後などに水分を「飲む」、を習慣化することで、1日を通して水分を摂取する仕組みを作りましょう。

ワーク

# 水分摂取量を増やして、今まで気にしてこなかった日々の身体の変化を実感しよう

## 現状把握

**①1日に飲んでいる水分量を把握しましょう**

ただし、コーヒー・緑茶・紅茶・お酒を除く。

**②水を食べる機会は1日に何回ありますか？**

1日に、食事や間食を摂る回数のこと。

**③1日に何回おしっこをしていますか？**

5～7回：正常／8回以上：頻尿／4回以下：水分不足

**④むくみのサインを改めて探してみましょう**

指輪の入り具合、朝起きた時の手のシワ、1日の終わりの靴下の跡、寝起きの顔の張り具合、靴が入らなくなる、などをチェックする。

**⑤「10の変化」（p169～）を参考に、特に自分に当てはまる項目をチェックしましょう**

## 改善方針

**①飲む量の改善案**

■1日当たり1リットル以下の人は、まずは1・5リットルを目指す。以下は水分摂取量を増やす策となる

■朝起きてすぐ、コップ1杯の水を飲む

■コーヒーを水に置き換える

■水筒を持ち運ぶ

■午前中に1リットル飲み終える
■食事の前にコップ1杯の水を飲む

**②食べる量の改善案**
■食事を1日3回摂り、毎回「水を食べる」メニューを入れる。以下は水分摂取量を増やす策となる
■間食にフルーツや野菜をかじる
■食事にスープ・野菜・フルーツを足す

**③トイレの回数の改善案**
■朝イチ、起きてすぐトイレに行く習慣をつける
■尿の色の濃さで水分不足具合を判断する（濃い黄色：水分が不足している、薄い黄色：水分は適量、ほとんど色がない：水分摂取量が多め）
■朝に大便が出るのが理想（胃腸の体内時計が正常に働いている証拠なので）
■1日に8回以上トイレに行ったり、夜中にトイレで目覚めてしまう人は、水分を増やすのを抑えて、栄養の改善を優先させる

**④むくみの改善案**

■前日とその日の気温・活動量・水分摂取量とむくみ具合の変化を毎日チェックする

■1日の過ごし方とむくみ方にパターンがないか探す

■水分摂取の量・種類・タイミングを変えることで、むくみ具合に変化が出るかを確認する

**⑤「10の変化」で、自分に当てはまる項目に改善点が見られるかチェックする**

■該当項目が多いほど、それぞれの改善の度合いが強いほど、改善が進んでいる証拠となる

# 第8章

「勝手にやせる」仕組みを作る【その5】

# 「ホルモン」の正しい考え方&ワーク

## ☆ダイエットの悩みはホルモンのせいだった

**ホルモンは、臓器などで分泌され、血液に乗って身体中に運ばれる情報伝達物質**です。**嬉しかったり、悲しかったり、怒ったり、不安になったり、私たちの心の変化はホルモンの情報発信と受信によって起こっています。**

これまでに100種類以上のホルモンが見つかっていて、ダイエットの悩みの多くはホルモンの働きで説明ができます。

例えば、第1章で紹介したドーパミンは、ダイエットでは悩みの種になりかねません。ドーパミンは強い快感をもたらすため依存しやすく、同じ刺激ではだんだん満足できなくなって、さらに大きな快楽を求めるようになります。以前はマイナス2kgの減量ですごく嬉しかったのに、次にマイナス2kgを達成しても「まあ、前もできたし、今回もできて当たり前かな」となってしまいがち。また、以前は体重が55kgになったら嬉しかったのに、次第にその体重でいるのにも慣れて「やっぱり50kgの人がうらやましいかも」と、どんどん過激な目標設定になっていくことも。

そうした強い快感が報酬のダイエットに慣れてしまっている人は、自分の欲をだんだんコントロールできなくなっていき、底なしのやせたい欲に振り回されてしまいます。今（特に日本で）、ダイエット業界全体がこのドーパミン的幸福をベースにしたマーケティングに傾いており、いつまで経っても自分に満足できないダイエット迷子を増やしています。

ホルモンの働きという観点から「やせないと自分に自信が持てない」というダイエットの悩みを見てみると、**本当に変わらなければいけないのは、身体ではなくて、ドーパミン依存型のダイエット**だということが分かります。

## ☆ホルモンが乱れた時に身体はコントロール不能になる

ダイエットを含めた身体の悩みも、その多くがホルモンで説明がつきます。脂っこいものが無性に食べたくなる、たくさん食べているわけではないのに脂肪が増える、いくらダイエットしてもやせない、何も生活を変えていないのに太った、生理前にPMS（月経前症候群）で心も身体も荒れる、といった身体の変化も全て、ホルモンの発信・受信の乱れが関係しています。

「自分の心と身体がコントロール不能になっている」と感じる状態は、ホルモンが乱れている状態なのです。

身体の中では常にホルモンによる情報の発信・受信が行なわれていて、分泌しすぎたり、分泌量が減ったり、分泌してもうまく受信されなかったりすると、さまざまな障害が起きます。

「ホルモンバランスが崩れる」というと、性ホルモンや生理周期が話題になりがちですが、性別・年齢関係なく起こるものもあります。

例えば、血糖値。普段からストレスの高い生活をしていると体重増加につながることは第6章でお話ししましたが、これには血糖値をコントロールするホルモンの働きが関係しています。本来、動物は短期的なストレスに上手に対応できるようになっていて、(例えばサバンナで目の前にライオンが現れたという)緊急時のストレスに対応するために、心拍数を上げるアドレナリンというホルモンを分泌して、全身に血液を送る準備をします。筋肉を動かすには糖が必要なので、この時に血糖値をコントロールするインスリンというホルモンも分泌し、血中の糖を増やすことで逃げ切るエネルギー源を確保し

ます。

しかし現代社会では、戦いの場はサバンナではなくオフィス。逃げたい相手はライオンではなく、溢れるように送られてくるメールや上司の嫌な一言です。ストレスがかかった時に血液の糖を増やして走る準備をしたって、その血糖が筋肉で使われることはありません。**この高血糖状態は身体にとって負担**なので、使われないことが分かったら自分で後処理をしなければなりません。再び血糖値をコントロールするインスリンを分泌し、糖を血液から元の貯蔵庫（肝臓など）に移さなければならないのです。

インスリンは血糖をコントロールするだけでなく、脂肪合成を促し脂肪分解を抑制する働きも持っているので、こうした不健全な血糖の上げ下げが毎日のように繰り返されると、**脂肪が蓄積されやすくなってしまいます。**また、インスリンが多く分泌される状態が続くと受信機能がだんだん鈍感になっていき、インスリンは分泌されているのに血糖値のコントロールが上手にできなくなる「インスリン抵抗性」を引き起こします。インスリン抵抗性は**2型糖尿病の症状の1つ**で、こうしたストレス環境が原因になることもあるのです。

日常的に繰り返される血糖値の乱高下やインスリンの大量分泌は、性ホルモンの働きにも大きく影響を及ぼします。男性ホルモン（テストステロンなど）の低下、女性ホルモン（プロゲステロンなど）の低下、多嚢胞性卵巣《たのうほうせいらんそう》症候群（ＰＣＯＳ）などの病気や生理周期の乱れにつながることが分かっています（1）（2）（3）。

性ホルモンは身体の働きで大変重要な役割を果たしているので、性ホルモンが乱れている状態で身体を自分の意志で操縦することは難しいでしょう。

「頑張りが足りない」など何かとメンタルの問題にされがちなダイエットの悩みも、「食べてないのに太る」「ダイエットしてもやせない」「何も生活を変えていないのに太った」を**症状と捉えて悩みの根っこをたどってみると、数ヶ月～数年かけて耐えてきた身体的・精神的なストレス環境と、血糖値ホルモンが原因**かもしれないのです。

## ☆ポーズを変えるだけでホルモンバランスは変わる

ホルモンの働きを理解して、人間の心や身体が本来設計されたように生活をしていくと、自分で押さえつけようとしなくても上手に自分の心と身体を思い通りに導くことができます。

とはいっても、１００種類以上あるホルモンの働きを全て理解するのは、ホルモンの専門家でもない限り困難なこと。私たちの日常の中で実感できる例をいくつか紹介しますので、今日からできることから試してみましょう。

例えば、自信。「自信を持てるようになりたい」といっても、いざ自分に対する考え方をクルッと変えようとするのは簡単なことではありませんよね。

しかし、「姿勢を変えることで自信が持てるようになる」と言われたらどうでしょう？　社会心理学者のエイミー・カディは、仁王立ちなどの「力強いポーズ」をするグループと、小さく縮こまった「弱々しいポーズ」をするグループに分けて、それぞれ2分間そのポーズをした後のホルモン値を調べました。

力強いポーズをした人は、自信やリーダーシップと関係があるテストステロンが20％増加し、弱々しいポーズの人は10％減少しました。また、ストレスと関係のあるコルチゾールは力強いポーズの人で25％減少、弱々しいポーズの人で15％増加しました。**たった2分間のポーズでホルモンバランスは変化し、その人に自信を持たせたり、なくさせたりした**のです（4）。

心は身体とつながっているため、人の心は身体の動作で変わります。落ち込んでいる時に好きなアーティストのアップビートの曲に合わせてカラオケしながらダンスをしたら、しょんぼりした顔のまま踊り続けることはできるでしょうか？　逆に、気分が乗っている時にイスの上で静かにしていなければいけなかったら、いつまでウキウキ気分を保っていられるでしょうか？

動作による心の変化は、数々の研究で証明され続けています。心を変えたかったら、身体を変えること。自信がないからと部屋の隅っこでクヨクヨする代わりに、小さく縮こまった普段の姿勢を変えてみるところから始めてみましょう。**姿勢をよくし、胸を張って前を見て歩くことが、あなたが自分に自信を持てるようになる最初の一歩**かもしれないのです。

また、先ほどの例のように、即やせ思考などの**「早く劇的な結果を出したいダイエット」がやめられないドーパミン依存傾向のある人**は、ドーパミンの餌《えさ》となるものをいっさい取り除いてしまうのがいいでしょう。例えば、明確に達成が分かるような数字や期限でゴール設定をするのをあえてやめて、その日に自分の心と身体を幸せにするためにやったことや感じたことを箇条書きにしてみましょう。数字や目に見えるもので成果を図る代わりに、**自分の気持ちや目に見えないものに焦点を移し、結果ではなくプロセスを見える化する**のです。

これは、セロトニン・オキシトシン的幸福にフォーカスすることが目的で、「ジャーナリング」とも呼ばれ、自分の心を癒《いや》すマインドフルネスの方法として広く取り入れられています。「ゴールを設定しないダイエット」というと専門家の間でも賛否両論ありますが、ゴールを設定し達成することでしか自分の価値や成果を図れないのはビジネスライクな考え方であり、ドーパミン依存のある人にとっては依存を深めるだけで最善の方法とはいえないでしょう。

ダイエットをすることで私たちが手に入れたい幸せは、結果や達成感のように、一度達成したらその後のことは関係ない**「点」ではない**からです。本当の幸せは、これからずっと毎日の生活で感じる満たされた心、つまり**プロセスそのものであり、「線」なのです。**

## ☆運動の取り入れ方次第で、ホルモンをいっそう味方につけられる

血糖値ホルモンの問題は、何か1つだけに取り組んだところで解決する話ではなく、本書にある姿勢・栄養・ストレス・睡眠・ホルモン・体質全ての要素が関係する問題です。

血糖値は、炭水化物に含まれる糖が口から入ったり、身体の中で肝臓などに蓄えられたりしたものが、血液に送られると上がります。早く吸収されやすい糖を摂取すると血糖値は急激に上がり、身体は「このまま高血糖だとよくない！」とインスリンを大量に分泌して、急いで下げようとします。そのため今度は急激に下がり、「血糖値スパイク」という急上昇・急降下を起こします（p194の図9）。

こうしてインスリンの大量分泌を繰り返すと、先ほど述べたように受信のシステムが鈍感になり、インスリン抵抗性につながってしまいます。インスリンの大量分泌が脂肪の蓄積につながることは、先ほどお話ししました。つまり、この**血糖値スパイクを避ける生活をすること**

**が、ホルモンをコントロールして勝手にやせる仕組みづくりにつながる**のです。

　血糖値スパイクを避ける方法はいくつもあります。まず、運動のタイミングを上手に使うこと。食後に血糖値が上がることを見越してそのタイミングに合わせて運動をすることで、筋肉で血糖を使い、血糖値を下げることができます。食べる物や消化の早さにもよりますが、**運動をするのは食後30分〜1時間半ほどが目安**です。

　人の身体は本来、糖を効率よく使えるようにできているので、こうして「糖を摂る→糖を使う」を繰り返していくと、**衰えていた糖代謝能力が回復していきます。**糖代謝能力が回復するということは、**炭水化物を食べても太りにくい体質になっていく**ということ。炭水化物は避けずに食べつつも、運動で利用するというライフ

**図9　血糖値の時間経過にともなう動き**

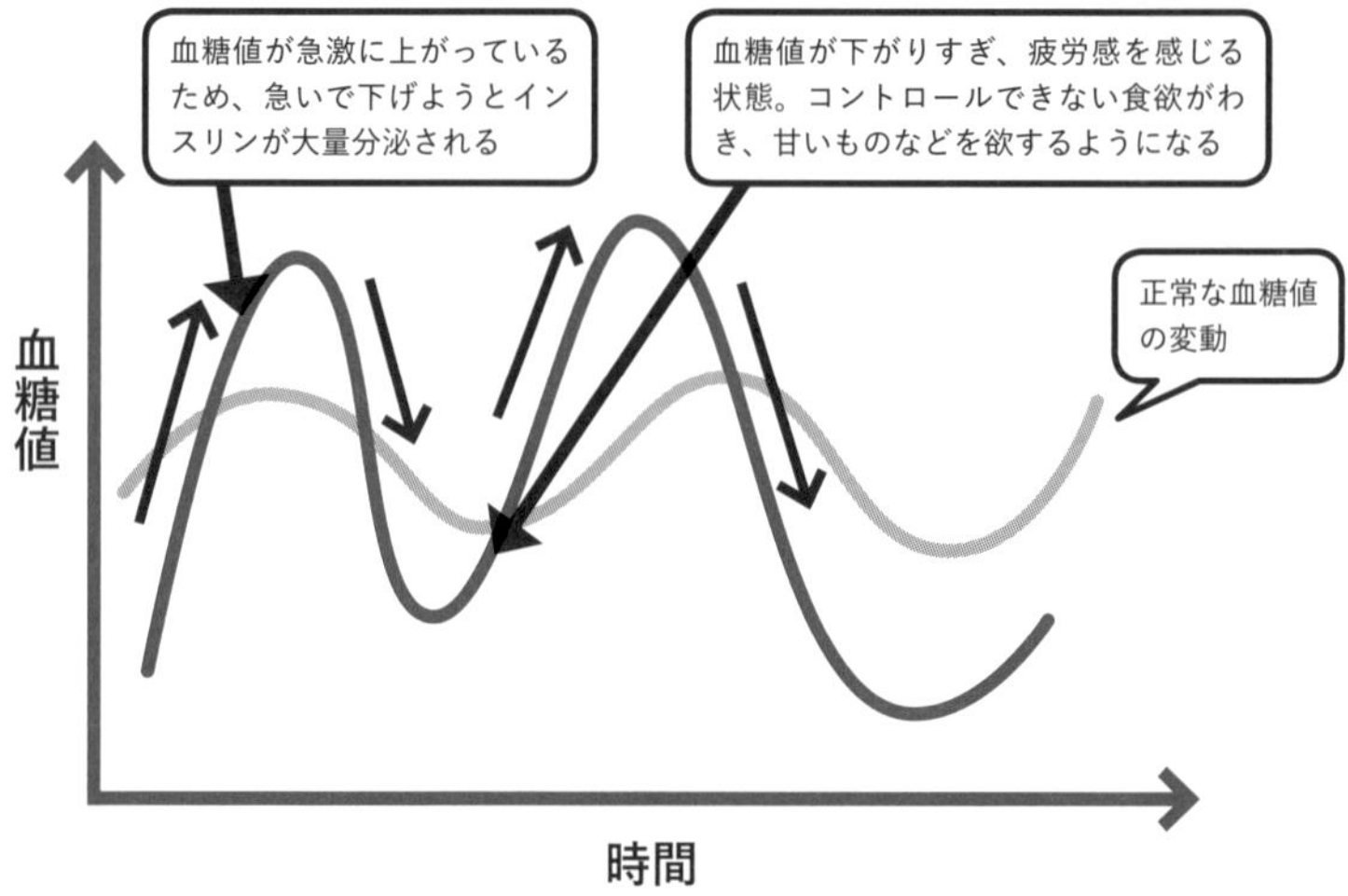
血糖値が急激に上がっているため、急いで下げようとインスリンが大量分泌される
血糖値が下がりすぎ、疲労感を感じる状態。コントロールできない食欲がわき、甘いものなどを欲するようになる
正常な血糖値の変動
血糖値
時間

スタイルを取り入れましょう。

加工されて繊維の少なくなった白い炭水化物（白米や白いパン・麺類）は、消化が早いので食べると血糖値が急激に上がります。一方、あまり加工されていなくて繊維の多い茶色い炭水化物を食べると、消化に時間がかかるので血糖値の上がり方は緩やかになります。そのため、栄養の第5章でも触れた茶色い炭水化物を普段から積極的に摂り入れることで、血糖値スパイクやインスリンの過剰分泌を避けることができます。

ここまでの話から、砂糖が多く入っているスイーツや真っ白な炭水化物を避けるのは、確かに身体にはいいことかもしれません。とはいえ完全に避けるような極端な思考は、あまり健康的ではありません。私も甘いものが好きなのでたまに食べたくなるのですが、そういう時にこの血糖値スパイクの仕組みを理解していると、**「これを食べるとすぐ血糖値が上がるので、運動をする少し前に食べよう」という選択肢を取ることができます。**

これまで罪悪感を払拭するために「運動を頑張ったご褒美」として食べていたスイーツを、「いい運動をするために使われる糖」として扱うのです。しかし、運動するからといって毎日のように白い炭水化物やスイーツを摂取するのはやはりよろしくないので、回数は抑えたほうがいいでしょう。

ストレスの対処を変えることでも、血糖値上昇に対応できます。先ほど、オフィスでのストレスがインスリンの分泌につながり、それが筋肉で使われないと血糖値の上昇・下降につながることを説明しました。仕事などでストレスがかかった時は、イスにじっと座っていないで、散歩に出かけて運動をすることで血糖を使うことができます。

**前もってストレスフルな仕事になることが分かっているのであれば、日中のどこかで運動するのを習慣化するのもいい**でしょう。ニュージーランドや欧米諸国では、ジム利用のピークがランチの時間帯にもあり、昼休みを少し長めに取ってエクササイズをすることが、ストレスフルな社会で働く忙しい現代人の運動習慣として定着しています。

以上のような血糖値スパイクを避けるテクニックを生活の中に取り入れることで、ホルモンをうまく利用して生活することができます。体重計の数字ではなく、こうした**ホルモンの働きを利用したライフスタイルにフォーカスしていると、次第に余分なものは落ちていき「気がついたらやせていた」となる**のです。

## ☆生理周期に合わせればエクササイズも無理なくできる

女性にとってダイエットの大敵といわれるのが「生理」です。生理前は食欲が爆発することもあり、心と身体のコントロールを失うきっかけになりやすいです。
しかし、これもホルモンの理解が進んでおり、現在のフィットネス科学では、生理周期に合わせてライフスタイルを変えていくことで上手に共存できるようになる、という方針が主流になってきています。

生理周期は大きく分けて、前半（生理初日〜排卵）と後半（排卵以降〜生理前日）に分けられ、前半は女性ホルモンの値が低く、排卵以降の後半はホルモン値が高くなります。人によって差がありますが、だいたい14日ずつの計28日が1つのサイクルの目安です。

**生理の終わり頃から排卵日にかけて女性ホルモンの値は下がり、身体も心も元気になります。この時期は運動の強度も上げるのに最適**で、いつもより坂の多い道を選んでみたり、運動する時間を延ばしてみたりしましょう。身体のむくみが取れて肌のツヤもよくなりやすく、人によってはむくみが取れただけで数日で2〜3kg落ちることもあります。難しい仕事や集中力を要するタスクも、この時期にするのがいいでしょう。

生理周期後半は、体温を下げるのに必要な「汗」がかきにくく、深部体温が上がりやすくなります。運動中に糖を使う能力は低下し、脂肪が使われやすくなります。脂肪が使われるなら脂肪燃焼にいいような気もしますが、実際はその逆。脂肪よりも糖のほうが燃費はいいので、その糖が上手に使えないとなるといつもの運動でも大変に感じ、ベストパフォーマンスになりにくいのです。

また、人によっては「リラキシン」という妊娠・出産のために関節を緩めるためのホルモンの影響が強く出て、関節に痛みが出たり、飛び跳ねたりすると怪我につながる可能性が高くなります。

こうした不都合な点があるからといって、生理中に運動を全くしないと運動習慣が定着しないだけでなく、むくみの悪化、気分の低下、生理痛の悪化などにもつながります。

そこで**生理周期後半の時期は、身体の調子に合わせて運動の強度を下げたり、涼しい室内でできる運動に切り替えたりしましょう。普段、優先順位が下がりがちなストレッチやその他の身体のケアを優先してもいい**かもしれません。人によって生理の影響は異なるので、普段の運動がハードに感じるタイミングなどをメモして、生理周期と重ね合わせてもいいでしょう。

気が乗らないまま「でも、決めたことだから」といつも通りの運動をしても、質の悪い運動を無理やりやっているだけの不毛な時間を過ごすだけになります。心も身体も生理周期を通じて変わっていくので、その流れに合わせて最適なライフスタイルや運動種目を選ぶようにしましょう。

それは「サボり」や「甘え」ではなく、賢く自分にベストなタイミングを選んでいるのであって、自分の心と身体に耳を傾けて生活している証拠なのです。

ワーク

# ジャーナリングで「数字に頼らない」ダイエットをしよう

## ☆自分の心と身体を幸せにしたことを書き出す

1日を振り返って「自分の心と身体を幸せにしたこと」や「今日の心の変化」を箇条書きにしましょう。

例）
いつも飛ばしがちな朝ごはんを、ゆっくり食べた
いつもより早めに就寝した
人に優しくする余裕があった
鏡の前で自分の嫌いな部分を考える代わりに「今日もいい感じだよ」って声をかけた
ストレスを、食べ物ではなく運動で発散した

どれだけ完璧に1日を過ごせたかではなく、アップダウンのある生活の波と争わず、うまく波乗りするために何をしようとしているかが大切です。未来の幸せは、今日の幸せの積み重ね。数字や見た目に頼ってダイエットをしてきた人にとっては困惑や不安のあるプロセスかもしれませんが、ドーパミン依存を断ち切るためにも、ジャーナリングで数字に頼らないダイエットを始めましょう。

第9章

# 「睡眠」の正しい考え方&ワーク

「勝手にやせる」仕組みを作る【その6】

N Z

## ☆睡眠が足りないと身体は脂肪を蓄え始める

睡眠不足はダイエットの大敵。**睡眠時間が7時間にも満たない生活を続けていると、身体は脂肪を蓄え始めることが数々の研究で分かっています。**30万人以上を対象にしたメタ分析という手法を使った研究では、睡眠時間が7時間未満の人は、肥満リスクが41％増加することが明らかになりました(1)。

また、別の研究では、睡眠不足の人は「お腹周りの脂肪量と関係がある腹囲」が大きい傾向があることも明らかになっています(2)。

このように、睡眠時間が短いことと肥満傾向の関連を示した報告はさまざまな人種・年齢・性別を対象にした研究でされており、7時間以上寝ることの重要性を示しています。

なぜ睡眠不足が体重増加につながるかについても議論はされていて、これまでに分かっている理由はいくつかあります。

まず、**睡眠不足の状態では食欲のコントロールが困難になる**こと。ある研究では、たった4日間の睡眠不足で、いつも以上の量の食事を摂ってしまったり、たった2時間前に食事をしたばかりなのに高脂質なお菓子をたくさん食べてしまったりする傾向が示されました(3)。

数日間の睡眠不足で、空腹感の増加、暴食頻度の増加、食事量の増加、チョコレート摂取の増加、脂質摂取の増加などが起こりますが、これは空腹を感じさせるグレリンというホルモンが増加し、満腹感に関係のあるレプチンが減少することが関係しているとされています。

さらに、睡眠不足の状態が数日続くだけで、糖の代謝能力が落ちてインスリン抵抗性を引き起こしたり(ホルモンの第8章で詳しく説明しました)、1日を通して代謝が落ちる可能性も示唆《しさ》されています(4)。

こうした数々の研究から分かっているのは、**睡眠時間が少ない生活をしていること自体が、食欲のコントロールを難しくし、身体の代謝機能を低下させている**ということ。つまり、睡眠不足を解消しない限り、いくら起きている間に頑張っても結果につながりにくいダイエットをしてしまう可能性があるということなのです。

## ☆「世界で1番寝ない日本人」と「世界で1番寝るニュージーランド人」

働き者で有名な日本人は、他国と比べても圧倒的に睡眠時間が少ない傾向があります。日本の平均睡眠時間は6時間30分以下です。これは韓国やサウジアラビアよりも低く、**世界で最短クラス。**

私も日本で生活をしていた時は6時間台の睡眠なんて当たり前のようにしていましたし、周囲には私より寝ていない人がたくさんいました。「寝てない自慢」なんて言葉も生まれるほど、寝る間を惜しんで働くことが賞賛される価値観が今でも根強く残っていますよね。

一方、ニュージーランドに移住してからは生活のリズムが変わり、8~9時間寝るようになりました。大企業の管理職などの多忙な現代人を指導していても、皆口を揃えて「8時間は寝てる」と言います。寝てない自慢をすると「寝る時間すら確保できないほど仕事の効率が悪い」とネガティブに捉えられてしまうそうです。

それもそのはず。**ニュージーランドは世界で1番寝る時間が長い**のです。平均睡眠時間は7時間半を超え、ワークライフバランスで常にランキング上位に入る国となっています。

「世界で最も幸福度の高い国」といわれるフィンランドなどの北欧諸国でも傾向は似ていて、

平均睡眠時間は7時間15分以上あります。「よく寝ることで幸せになる」とまではいえないかもしれませんが、たくさん寝ることの恩恵は、幸福度や気持ちの余裕から体感したことがある人も多いはず。

寝る時間が長い国は、運動する習慣もある国々です。ノルウェー、フィンランド、オランダ、スウェーデン、アメリカ、イギリス、オーストラリア、ニュージーランドなど、フィットネス人口の割合の多い国は、多くが7時間15分以上の睡眠を取っています。

寝る時間の優先順位が高い生活をする人たちは、運動する時間もエネルギーもあるのです。事実、運動と睡眠は切っても切れない関係にあり、**睡眠不足の生活をしていると運動の量は減り、運動不足の生活をしていると睡眠の質が悪くなったり疲労感を増加させたりすることが分かっています。**一方、定期的な運動習慣がある人は入眠時間が短く、睡眠の質も上がります(5)(6)。

朝起きた時から疲れていて、朝ごはんを食べる時間すら省いて寝る時間を確保し、電車に乗っては空いてる席を必死に探して寝て、1日の終わりにはやっとの思いで帰宅、自炊する元気もないまま寝る。こうしたエネルギー枯渇《こかつ》状態の生活では、「運動をしよう」「自分の身体を大切にしよう」という意欲も生まれません。この**負のサイクルを断ち切るために、寝る時間の確保が大切**なのです。

## ☆運動するよりもまずは、寝る時間を確保しなさい

ダイエットを始めるとなると、最初に考えるのは運動や栄養のことでしょう。しかし、睡眠不足のまま運動するのは、すでに無理して動いている身体にとっては泣きっ面に蜂《はち》。ムチ打って運動を頑張ったとしても、身体は反対に脂肪を蓄えようとしてしまいます。さらに、身体は寝ている間に回復・改善するので、運動後の回復が追いつかないと免疫力が下がって風邪も引きやすくなるでしょう。

よかれと思って始めたことで、逆に生活の質が悪くなってしまうのです。睡眠不足が日中の疲労感を増加させ、運動するモチベーションを下げてしまうことを考えると、運動をする気すら起きないのはだらしない性格が原因ではなくて、ただの睡眠不足かもしれません。これ以上自分の不出来を責めるのはやめて、よく寝た後のスッキリした頭で理想の生活について考えてみてください。

栄養を管理するのも同様。睡眠不足では食欲のコントロールが難しくなるので、その状態で食事改善を始めるのは必要以上に困難になるでしょう。自分の意志の弱さを責めるよりも、1時間早く布団に入るほうがより具体的で効果的な解決策かもしれません。

そもそも、歯を食いしばって自制を続けなければ保てない食生活では、続けるのなんて不可能です。根性論で押さえつけるような食事ルールに頼るのではなく、心や身体のサインを読み取って本当に身体が必要としていることを取り入れ、身体が自然と脂肪を蓄えなくなる仕組みづくりをしていきましょう。7時間未満の睡眠をしている人にとっては、「寝ること自体がダイエット」なのですから。

睡眠時間が6時間台、もしくはそれ以下のことが当たり前になっている人は、**まず「寝る時間を作る」「睡眠の質を上げる」の2つを最優先にライフスタイルを見直しましょう。**

「忙しくて寝る時間がない」というのは「寝ることの優先順位が低い」と言い換えることができます。自分の身体に対する優先順位が下がっていて、詰め込んだスケジュールの最後の余った時間に「睡眠」を入れてはいないでしょうか。そのままでは、いくら気をつけていたって睡眠時間を確保することはできません。

やるべきことの上位に睡眠を入れる必要があります。英語には non-negotiable「交渉の余地がないこと」という言葉があります。絶対に譲れないもの、何があっても犠牲にできないもの、という意味で使われることが多いのですが、**睡眠を non-negotiable として扱い、スケジュールの最初に入れるようにするのです。**他の予定が入ってきたら、睡眠を削るのではなくてその予定を次の日に繰り越す、などの工夫も必要です。

「そんなこと言われたって、仕事や家庭があるから無理！」という人は、すぐには実行できないとしても、8時間睡眠をする生活を想像するだけでもやってみましょう。**8時間の睡眠を最初にスケジュールに入れて、その他の予定をどう入れていったら、どんな24時間が出来上がるか書き出してみる**のです。

理想のライフスタイルを見える化することで、全てとはいわずとも何か今の生活で変えられることが見つかるかもしれません。世の中には、自分と似た境遇でも自分よりも寝ている人は必ずいます。その違いは時間の使い方における優先順位の違いであり、non-negotiable の置き方の違いです。

まずは、理想の生活を描いてみること。そこから変化は生まれていくのです。「寝る時間がもったいない」なんて言わないでください。**睡眠時間を削って必要のない努力をしなければいけない状態のほうがもったいない**のだから。あなたの悩みの多くは、寝れば解決するのです。

## ☆目指すは「コーヒーがいらない朝」

睡眠不足は、睡眠時間の改善だけでは解決しません。睡眠の質も、量と同じくらい大切。

最近はアプリなどで深い眠りの時間を計ったりして気軽に睡眠の質を調べることができますが、そういった**アプリがなくても、睡眠の良し悪しは朝起きた時のスッキリ感で確認することができます。**


**「朝スッキリと目覚めることができる」**

**「スヌーズ機能なしでシャキッと起きられる」**

**「目覚めのコーヒーもいらない」**


**これが、睡眠の質がよかったことを示すサイン**です。

反対に、**寝起きに疲れていたり、朝リフレッシュした状態で布団から出られなかったりするのは、質が悪い睡眠を取ったサイン。**起きている間に睡眠の質が落ちるようなことをしていないか確認し、その原因を取り除いたライフスタイルに変えてみましょう。

睡眠の質を上げるためにも**「コーヒーなしでスッキリ目覚められる朝」を目指すことは大切**です。というのも、カフェイン依存が睡眠や生活の質までを落としてしまうからです。

コーヒーやエナジードリンクに含まれるカフェインは、疲労と共に分泌され神経を鎮静《ちんせい》させるアデノシンというホルモンと構造が似ています。そのため本来アデノシンが受信されるべき場所に、カフェインが置き換わることができてしまいます。

こうなることで疲れを感知するのを鈍らせ、興奮状態を引き起こすことができるのですが、この元気はどこからともなく湧いてくるのではありません。**疲れを感知しないようにして今の疲労感を後回しにして、今は元気の前借りをしている**のです。

もちろん、そんなカラ元気では、後でツケが回ってきます。カフェイン漬けの人は、1日の終わりには家事が何もできないほど疲れ切ってしまったり、次の日の朝も疲れが残っていたり、土日に動けなくなるほど疲れてしまっていませんか？　それでまたカフェインに頼って元気を前借りしてこなければならない……。こんな負のサイクルにハマっていては、睡眠の質も生活の質も上げることは難しいでしょう。

カフェインには集中力を上げたり、運動の質を上げたりするプラスの面もあることは確かですが、こうした興奮状態に頼らなければ仕事で必要最低限の集中力が保てない状態であったり、元気を前借りした状態で運動しているような生活では、いつか心と身体にガタが来ます。

頑張ってもやせないというのも、そのサインの1つかもしれません。「コーヒーに頼らない朝を目指す」というのは、この元気の前借りサイクルを断ち切ることなのです。

ワーク

# 睡眠の量を確保するために、理想の生活を想像してみよう

## ☆1日8時間睡眠の生活を想像する

（今すぐできる・できないに限らず）睡眠が8時間の理想の生活を想像してみましょう。

**①生活の優先順位を並べる（ストレスの第6章で行なった優先順位のワークも参考に）**

1：睡眠
2：
3：
4：
5：

……
といった具合に。

**②上から順に、1日のスケジュールにやるべきことを書き込みましょう。**

※下図のような感じで、書き込んでいく。

**③今の生活で、何か変えられることから変えてみましょう。**

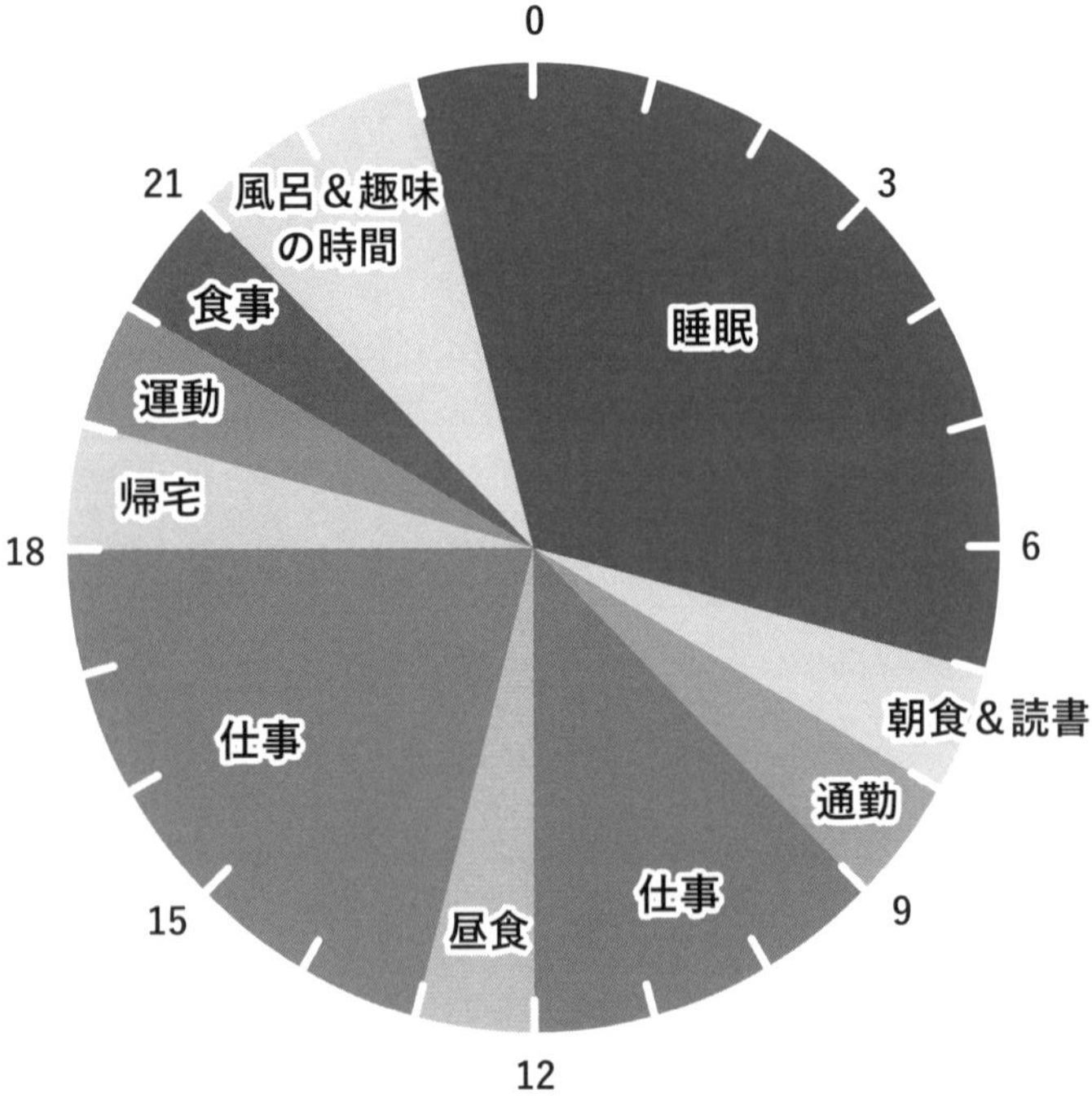

## ☆睡眠の質を改善するための「安眠ワーク」

睡眠の質を悪くする原因は、生活の至るところに隠れています。例えば次の通り。

■身体の中の原因：栄養不足、水分不足、ストレス、ホルモンバランスの乱れ、心配事、筋肉の痛み、心拍数が高い、体温が高い、アルコール摂取

■身体の外の原因：騒音《そうおん》、いつもと違う布団、部屋の明かり、寝る直前のスマホの明かり、気温の高すぎ・低すぎ、次の日のスケジュール、不定期な就寝・起床時間

こうした原因をリストアップして、取り除くためにできることを考えてみましょう。

以下の質問項目も参考にしながら、自分の睡眠の質をよくすることで、今日から始められそうなことを探してみてください。

**①次の日の予定や、やらなければいけないことを何も気にしなくていい場合、「毎日こんな生活できたら理想だなあ」と感じる就寝時間&起床時間は何時でしょうか？**

**②理想のパターンと、実際の休日以外のパターン（通勤や通学をする日）と、どれくらい差があるでしょうか？（差が大きいほど、今自分が抱えている負担も大きい）その差を縮めるようにしてみましょう。**

③寝る前の何分前まで画面（スマホやパソコンやテレビ）を眺めていますか？　なるべく寝る前は避けるようにしましょう。
④寝る直前まで仕事をしていたり、やらなければいけないことをやったりしていますか？　寝る前に頭をオフにする時間を作っていますか？　寝る前はオフにするようにしましょう。
⑤寝ている時の心拍数はいくつですか？　アプリなどで測れます。40～60／分が一般的、アルコール摂取などで高くなりますから、寝る前のアルコールは控えるようにしてください。
⑥夜中に起きてしまった日は、前日に何をしていたでしょうか？　パターンがないか気にかけておきましょう。
⑦寝起き１番はスッキリしていますか？　していないのなら、①～⑥を振り返って、その原因究明と解消を目指しましょう。

第10章

「勝手にやせる」仕組みを作る【その7】

# 「体質」「性格」の正しい考え方&ワーク

## ☆体質を理解すると心と身体をコントロールしやすくなる

今後10年先でも続けたくなるような「24時間やせる身体づくり」をするためには、これまで紹介してきた6つの要素の土台として、体質の理解が役立ちます。**体質の仕組みを知ると、「自分で変えられること」「自分では変えられないこと」を分別できるようになるうえ、自分には合わないものを無理矢やり押し付けることがなくなる**からです。

「理想の身体は？」と聞かれた時に、国や次元をまたいだ理想を思い浮かべてはいませんか？　テイラー・スウィフトの体型に憧れる日本人女性、アベンジャーズの体型を目指す日本人男性、峰不二子スタイルのように二次元のキャラクターが目標の女性……。よりリアルに表現されるアニメの影響で、極端に身体の凹凸が強調されたキャラクターが理想像として描かれることも増えてきました。

「こんな身体になりたい！」という時に、外国の芸能人やアニメキャラクターの名前が出てくる人は、体質を無視して「努力ではどうにもならないこと」を変えようとしているかもしれません。たとえそれが日本のモデルやK－POPアーティストなどのアジア圏の芸能人だったとしても、自分とはライフスタイルもDNAも異なる別人と比べていることに変わりはありません。

つまり、そもそも変えられないものを変えようと、もがいているだけなのかもしれません。

私たちは一人一人異なるＤＮＡを持って生まれてきます。**遺伝の影響力は、代謝、病気、体型、身長など、ものによって30〜80%ほどが関連している**といわれています。あなたが憧れるあの芸能人は、生まれ持った遺伝子などを否定している姿ではなく、自分の個性や体質を最大限に活かして、最も自分らしく輝いている姿ではないでしょうか。遺伝子を無視した「自分じゃない誰か」を目指しながら自分を磨いているわけではないはずです。

「憧れのあの人のようになりたい」とすでにこの世にあるイメージで目標を設定してしまいがちですが、遺伝子もライフスタイルも全く異なる人と自分を比べて何が生まれるのでしょうか。他の人のような自分になったとして、いったい誰の人生を歩もうとしているのでしょう。「ダイエット」という言葉が、今の自分を否定するための免罪符になっていませんか？　**遺伝を無視した目標は長い目で見て、自分を傷つけます。自分の元の遺伝子を最大限に活かすのが、本当に正しい自分磨き。**ダイエットに整形のような効果を期待していても、何も解決しないのです。

## ☆あの人の最善策があなたには逆効果⁉ 朝活で太りやすくなる可能性も

**目標設定【ゴール】だけでなくダイエットの方法【プロセス】も、遺伝的要素に逆って選ぶと心身に負担になることが分かっています。それを知らずにダイエットをすると、頑張っているつもりが逆に体重増加につながってしまうことも……。**

人間の身体には生まれ持ったクロノタイプ（日周指向性）というものがあります。いわゆる**朝型人間か夜型人間かを示すもので、遺伝でほとんど決まっています。**脳は目から入ってくる光を使って体内時計を調整しますが、光の量を検知するメカニズムが生まれつき朝型人間と夜型人間では異なるのです(1)。

このクロノタイプに合わせて生活することは大切で、**朝型人間が夕方に活動したり、夜型人間が朝に活動したりすると、身体的能力も認知能力も劣ることが分かっています**(2)。

「運動をするのにベストなタイミングはいつか?」は多くの研究がされている分野で、**タイミングによってはダイエットで始めた運動が逆効果になる可能性が示唆されています。**

2型糖尿病の男性を対象に午前と午後のエクササイズの影響の差を調べた研究によると、午後に運動した群のほうがインスリン抵抗性の低下や脂肪減少などの効果があることが報告されました(3)。また別の研究では、同じく2型糖尿病の男性を対象に朝と夕方の高強度運動の影響の差を調べたところ、朝に行なった場合には何もしなかった時よりも血糖値の指標が悪化したのです(4)。

筋力やミトコンドリアの活動は午後に最も活発になり、身体のパフォーマンスは午後から夕方にかけてピークを迎えます。世界新記録の多くが午後や夕方に更新されるのも、クロノタイプが影響していると考えられます(5)。

しかし、これらの研究結果は2型糖尿病の男性を対象としたものに限り、他のタイプの人を対象にした研究では朝に運動したほうが脂肪燃焼に効果的だったとしているものもあります。そのため、「いつ運動するのが1番効果的か？」という議論は今後も続いていくでしょう。

クロノタイプは遺伝で全て決まるわけではなく、生活リズムの変化に合わせて変動しやすい「中間型」の人もいるのが、この議論に着地点が見つからない理由の1つかもしれません。

ただ1つ確かに言えるのは、朝活は万人向けではない可能性が高いということ。「デキるビジネスマンは朝にワークアウトをする」といった常識が広まり、朝活ブームが始まりました。現代社会は朝型で動いていて、早起きでない人を「怠け者」とみる風潮もあります。

しかし、自分のクロノタイプを知ったうえでその重要性を意識していれば、そうした世間の流行り・廃《すた》りに流されることはありません。無理をして早起きしたり遅起きな自分に罪悪感も抱いたりすることなく、自分の体質に合わせてベストなタイミングを選ぶことができるでしょう。

## ☆今現在の身体は「生まれ持った遺伝子」×「環境」で出来上がったもの

私たちの今現在の身体のベースは「生まれ持った遺伝子」である程度決まりますが、とはいえ遺伝で全てが決まるわけではありません。その遺伝子に「環境」がスパイスをかけ、毎日浴びる刺激に対応していくことで「表現型」と呼ばれる今日の心と身体が出来上がっています。

そのため同じ遺伝子を持った双子でも、育つ環境が異なれば表現型は異なりますし、同じ人でも10代の頃と40代の頃では表現型が異なります。ライフスタイルを変えたら体型が変わるというのも、環境を変えたことで表現型が変わったということです。つまり、

**【体質（表現型）＝「生まれ持った遺伝子」×「環境」】**

となるのです。

この表現型の仕組みを理解していると、ダイエットでよくある悩みも「変えられるもの」と「変えられないもの」を分けて考えることができます。

例えば同じ食べ物を口にしていても、人によって太りやすかったりやせやすかったりする不思議な現象も、「代謝に関する遺伝子が異なること」そして「普段の生活習慣によってその人の代謝が変わること」が理由として考えられます。

遺伝的要因の1つがミトコンドリア。細胞の中にあるミトコンドリアは、世代にわたって受け継がれ、後世の代謝に影響するといわれています。つまり、今日の私たちが食べているものがどう身体に吸収されるかは、私たちの先祖が何を食べてどんな生活をしていたかに影響されるということ。

この生まれ持った土台に、私たちが何を食べてどんな生活をしているかで環境刺激が加わり、今日の代謝の表現型ができています。受け継がれてきたミトコンドリアの遺伝的要素は、私たちがすぐに変えられることではありません。しかし、その土台に応じて今日の生活を変えることで、表現型をある程度変えていくことはできます。

遺伝子とライフスタイルの掛け算は千差万別。つまり、最高のダイエットのやり方も人によって異なるということ。この表現型の基本を理解していれば「万人に効くたった1つの正解なんて存在しない」ということがお分かりいただけるでしょう。

遺伝的要素はそのままに、それを活かしながら環境的要素を変えていく。これが、これまで本書でお話ししてきた「自分にピッタリの24時間やせる身体づくり」の根本にある考え方なのです。

## ☆変えられない性格に合った方法を選ぼう

体質だけでなく、自分の性格にも「生まれ持った遺伝子で決まるもの」と「環境で変わるもの」が存在します。宮城音弥先生が提唱した「心の四重同心円構造」というもので、まとめると、図10（p223）のようになります。

生まれ持った遺伝的性格を「**気質**」と呼びます。私はこれを個性だと解釈しています。環境で変わる性格は3層構造になっていて、気質のすぐ上にかぶさってくる「**狭義の性格**」は、人間として生まれてから最初に育つ性格で、親などの養育者の影響を受けて形成されます。「三つ子の魂百まで」といわれるように、成人してからもなかなか変わることのない性格です。

狭義の性格を包むのが「**習慣的性格**」。社会に出た時に形成されるもので、日常の中で身近な人々の交流などを通じて形成されます。「周囲の人々とどう接するか」という意識的な態度のことで、友人を怒らせた時に素直に謝るかどうかなど、自分の意志で変えることができます。

そして1番外側にある**「役割的性格」**は、さまざまな場面に応じて意識的・無意識的に変えながら適応するために形成される性格です。家では優しいお父さん・お母さんだけれど、職場では厳しい上司として振る舞い方を変える、といったように役割に応じて柔軟に変えることができます。

**外側の層ほど変えやすく、気質と狭義の性格というか個性は変えることが困難です。**そのため、「生き方改革をしよう!」「ライフス

## 図10 性格は4層から成る

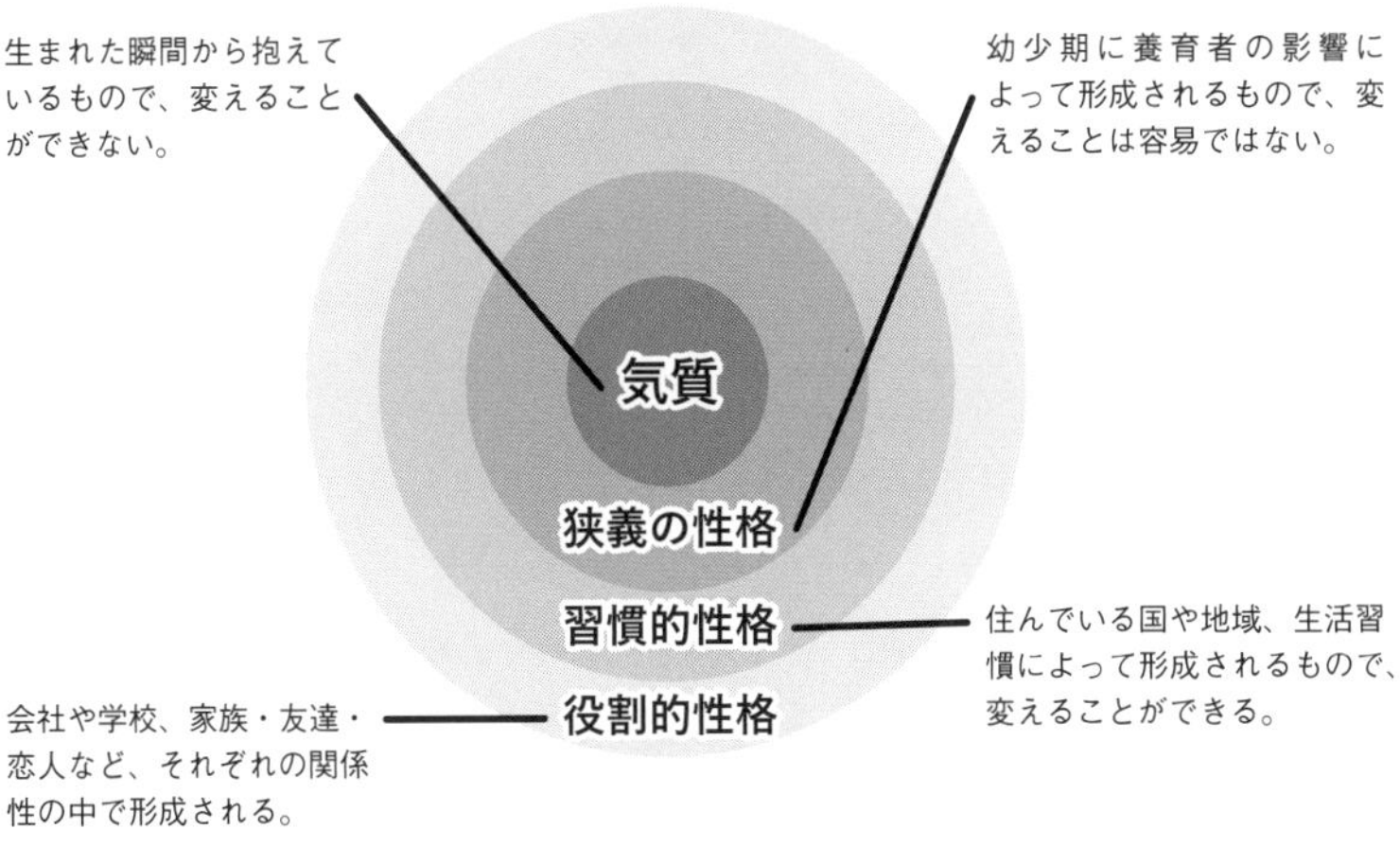
生まれた瞬間から抱えているもので、変えることができない。
幼少期に養育者の影響によって形成されるもので、変えることは容易ではない。
気質
狭義の性格
習慣的性格
住んでいる国や地域、生活習慣によって形成されるもので、変えることができる。
役割的性格
会社や学校、家族・友達・恋人など、それぞれの関係性の中で形成される。

出典:『相手を完全に信じ込ませる禁断の心理話術 エニアプロファイル』(岸正龍/フォレスト出版)

タイルを変えていこう！」と思い立った時に、「変えるのが困難な個性・気質を変えようとしないこと」が大切です。

時には諦めも肝心。思い通りに変われない自分のことを責めないでください。自分の個性だと受け入れて、柔軟にやり方を合わせていきましょう。

例えば、細かいことは気にしない大雑把な気質で記録などが苦手な人が、レコーディングダイエットを始めるとしましょう。カロリーや栄養バランスを計算して記録する生活には他の人以上に労力を使うため、それを楽しんで続けるのは困難です。

「頑張って習慣化しよう、興味を持つようになろう」と気質に逆らおうとするのではなく、写真を撮るだけや記録なしで済む方法を選ぶほうが、すんなりと新習慣として馴染むでしょう。栄養の第5章で紹介している理想の食事でいえば、数字で細かく計算する方法よりも、「手のひら指標」を毎食ざっくり参考にするほうを選ぶ、といった具合に自分の気質に合わせることができます。

運動を例にすれば、一人で黙々と集中してやるのが苦手で飽き性の人がランニングを始めるとしましょう。テスト勉強も、友達とマクドナルドで一緒にするのが好きだったようなタイプの人です。そういう人が一人で淡々と同じコースを走るようなダイエットを始めても、その時間が苦痛になってしまいます。

続けられないことを「怠け者だからだ」と責めなくて大丈夫。それより、誰かと予定を合わせて走ったり、ランニングイベントに参加したり、毎日違うコースで街を探検してみるようにすると、ランニングに行くこと自体が楽しみとなり続けやすくなるでしょう。

筋トレでも、渡されたプログラムを黙々とやるのが好きな人、すぐ飽きてしまうので毎回違うエクササイズをやりたい人、一人で集中してやりたい人、誰かと話しながらやりたい人、それぞれ「1番楽しく続けたくなる方法」が異なります。

まるで別人にでもなるかのように何でも自分のなりたい姿を描いて目指すのではなく、自分の気質・性格を理解して「気質は変えられない」「変えられるものだけ変える」を軸に置きながら、自分に合ったやり方・ペースを選びましょう。

# 「体質」「クロノタイプ」「性格」を調べて、変えられるものと変えられないものを区別しよう

## ☆「体質」を調べて、理想の身体について考え直そう

ダイエットの悩みを、自分には変えられない「生まれ持った遺伝子」、毎日の行動で変えられる「環境」で区別してみるワークです。

遺伝子が共通する家族は、個性が似ていることもあり、表現型で似ている点もあります。自分の身体だけではなく家族や親戚も参考にしながら、この2つを区別してみましょう。

**①自分がコンプレックスに感じる部分や人と比べてしまう部分、そして、これまで持っていた理想の身体のイメージやライフスタイルを書き出してみましょう。**

**②変えられないものを変えようとしていないかを知るために、「遺伝的要素＝変えられないもの」「環境的要素＝変えられるもの」をそれぞれ挙げていきましょう。**どれがどちらなのか分からない場合は、例を参考にしてみてください（例だけで全部はカバーできない点は、ご容赦願いたいですが）。

**●遺伝的要素**

＊遺伝的要素の例：骨格・骨の形、顔のパーツ（目、鼻など）、胴体・脚の長さ、手・脚・腕の形、肌、朝型か夜型か、お酒の影響の受けやすさ、代謝、病気

**●環境的要素**

＊環境的要素の例：姿勢、普段食べるもの、ストレスの原因、運動習慣、水分摂取、寝る時間、起きる時間、睡眠時間の長さ、口癖、普段一緒にいる人、仕事、文化、服装、髪型

**③「変えられないもの」を活かす形で、自分の体質に合った新しい理想を考えてみましょう。**

**④「変えられるもの」を変えていくために必要なこと・やるべきこと・今日からできることを**

書き出しましょう。

## ☆朝型？ 夜型？ 中間型？「クロノタイプ」を知ろう

**①自分のクロノタイプを調べてみましょう。**

＊国立精神・神経医療研究センターが紹介している「ミュンヘンクロノタイプ質問紙」を活用するのも便利です（6）（7）。 https://mctq.jp//

**②自分のクロノタイプを基に、自分の遺伝的要素に合わせた理想のライフスタイルを考えてみましょう。**

■起きる時間：

■寝る時間：

■集中力が1番高まる時間帯（仕事などで効率が高い）：

■身体的エネルギーが1番高まる時間帯（運動に最適）：

**③このライフスタイルに近づけるために、今の生活で変えていけることは何ですか？**

# ☆「性格」を調べて、理想のライフスタイルについて考え直そう

**①以下のヒントを基に、自分の性格を4層に分けて分析してみましょう。**

**●気質**

＊小さい頃から言われてきた言葉は？（例：飽きやすい、熱中すると周りが聞こえなくなる、気が強い、負けず嫌い）

＊これまで変えようと思ってきたけれど、変えられなかった自分の性格は？

**●狭義の性格**

＊家族との関係で生まれた性格は？（例：長男や長女だからか責任感が強い、末っ子だからか甘えん坊、相手の様子や気分をうかがって会話をする、完璧主義）

＊家族と家にいる時によくやることは？（例：一人で部屋にこもる、家族と一緒にテレビを見る、同じ部屋で別々のことをする、よく話す、ほとんど話さない）

●習慣的性格
＊友人などとの関わりでの性格は？（例：頼れる、リーダー格、盛り上げ役、素直、面倒見がいい、本音はなかなか話さない）
＊よく周囲の人に言われることは？（例：よく笑う、大雑把、心配性、気配りをする、待ち合わせに遅れる、細かいことを気にする）

●役割的性格
＊仕事などを通じての性格は？（例：細かいことに気を配る、目標を達成する快感が好き、書類やデータの整理整頓が好き）
＊仕事などでの自分の行動は？（例：机がいつも汚い、よく予定を忘れる、いつも謝っている、NOと言えない、同僚の面倒を見る、あまり人とは話さない）
＊学生生活・仕事などでの役割は？（例：学級委員、部長、経理、アシスタント）
＊モットーは？

**②これまで求めてきた理想のメンタリティやライフスタイルを書き出してみましょう。**

③変えられないものを変えようとしていないか、調べます。理想と自分の「気質」「狭義の性格」が合っているか、照らし合わせてみましょう。

■合っているもの‥

■合っていないもの‥

④合っていないものは理想の形を方向転換して、自分の気質・狭義の性格に合った新しい理想を考えてみましょう。

⑤この新しい理想のメンタリティやライフスタイルに変えていくために、必要なこと・やるべきこと・今日からできることを書き出しましょう。

# 第11章

振り回されてかえって不幸になる人続出……

# 「情報」との正しい付き合い方

## ☆情報がないのではなく、多すぎて見つけられない

スマホ1台でネット検索するだけで、何億というくらい膨大なダイエット情報が見つかる現代社会では、情報がないことよりも、正しい情報にありつけないことのほうが問題です。たくさんある情報の中から「メリットよりデメリットのほうが大きい情報」をふるいわけして、「本当に自分のためになる情報」に辿り着くのには、小手先のテクニックだけでなく、なぜそれが大事なのかなど、その背景にあることを理解するのが必須なため、自分の目を鍛える必要があります。

そのためにこれまでたくさんの異なる視点から、「なぜ」というところもしっかりフォローしながら紹介してきました。第10章まで読んでくださった皆様にはきっと、自分に合うものを見つけるための眼力がだいぶ備わっているはずです。ただ、これからお伝えすることを知れば、いっそう正しい判断ができるようになります。

そこで本章では、さまざまな観点からダイエット業界の仕組みや情報の裏側を理解して、「落とし穴まで知っている」まで到達することで、地に足がついた情報収集ができるようになります。

いかにもそれっぽいキーワードが並ぶ情報社会で「自分が本当に必要としている情報」に辿

り着けるように、気をつけなければいけない落とし穴を紹介していきます。

## ☆医師や栄養士も勧めている「間違いダイエット」に気をつけて

**ダイエット商品・サービス・情報には、よく「医師推奨」「栄養士監修」という言葉が使われます。信憑性《しんぴょうせい》を高めるために使われる言葉ですが、この言葉を信頼しすぎてはいけません。**

その**代表的なものが「ファスティング」「糖質制限」「ケトジェニック」「チートデイ」。実はリスクが高いものもたくさんあるのですが、注意点やデメリットの説明が十分にないまま紹介されがちなため、多くの誤解を招いています。**

例えば、16時間ファスティングは「16時間は断食をして、残りの8時間は細かい食事のルールは気にせず食べる」という方法ですが、「8時間は何を食べてもいい」「好きなだけ食べていい」という誤った解釈で広まっています。

そのため、制限のかかった16時間が終わった途端、「好きなものを食べていいんだ！」とタガが外れて、コントロールが利かないほど暴食をしてしまう、摂食障害（Eating Disorder）、もしくはその一歩手前の段階（Disordered Eating）の副作用が問題になっているのです。

「週に1日は食事のルールを気にせず好きなように食べていい」と制限を緩める期間を設ける「チートデイ」でも同様のことが起きており、インスタグラムで「#チートデイ」とついた160万件以上の投稿を調べた研究では、その半数以上にやけ食い・暴食の傾向のある過激な食生活の写真が確認されました(1)。

糖質制限・ケトジェニック(厳しい糖質制限の一種)も注意点の説明がほとんどされず、誤解の多いダイエットです。

低糖質の食事をすることで、短期的な体重減は報告されています。しかし長期的には、糖の処理能力が低下して、少し食べただけで血糖値が爆上がりしてしまったり、腎臓や肝臓の機能への悪影響が懸念されますが、そのことの説明がされることがほとんどないのです。炭水化物を食べるのが怖い、食べることへの罪悪感、極端に避けるせいで暴食するといったDisordered Eatingにつながっているケースも報告されています(2)。

人間の身体は糖質を使うように進化しました。唾液が糖質を消化する酵素を持っているのも、口に食べ物を入れた瞬間から糖質を血中に取り込む準備を始めるようにできているからです。地球の至るところで何千年も前から炭水化物を主食とした文化が生まれているにもかかわらず、これまでの人類史上で初めて問題になった肥満を**「炭水化物を悪者にすること」で解決しよう**

**としているのは大きな間違い。**人間の進化の過程を無視した極端な方法であり、今後さらにデメリットにスポットライトが当たることで、**いつか「時代遅れ」といわれるダイエットになるでしょう。**

こうした方法にメリットがないわけではありません。でも、まるでデメリットなどないように紹介したり、リスクの説明までせずに「誰でもできる簡単メソッド」としてオススメされているのが大問題。極端なダイエットは、自傷行為と変わりません。医師や栄養士が監修していようと、こうした極端な方法に振り回されないようにしましょう。

## ☆研究バイアスの罠：スポンサー企業が研究費を出している

サービスや商品に信憑性を持たせるために「○○大学の研究で効果が認められました」「○○教授監修」というフレーズもよく使われますが、これも鵜呑《うの》みにしすぎないように気をつけましょう。そうした研究には「研究バイアス」がかかっている可能性があるからです。

企業が大学に監修を求める際、研究で効果の裏付けができるだけでなく、企業が有名な大学の名前を使うことでより消費者から信頼を得られるという目的があります。しかし、企業が大学にお金を払って依頼するので、全く利害関係のない機関が行なうよりもバイアスがかかる可能性が高くなります。

もしあなたが誰かから「お金を払うから、私が開発した商品の効果を証明してください」と言われたら、「その商品に効果はありませんでした」という結果を伝えることは、ためらってしまいますよね。お金をもらっている以上、相当なことがない限り、少しでも効果が証明できるデータを選ぼうとするでしょう。

このような研究バイアスは、たびたび問題になります。例えば「乳製品が身体にいいことが分かった」という研究のスポンサーを生乳会社がしていたり、「肉は健康にいい」という研究の裏に生肉会社がいたりするのです。２００７年の調査によると、食品会社がスポンサーとして支援していた牛乳などの飲料の健康効果を調べた２０６個の研究は、４〜８倍もの確率で「健康にいい」という結論に行きついていたことが明らかになりました(3)。

全ての共同研究でこうしたバイアスがひどくかかっているわけではありませんが、実際にこうしたケースは１９６０年代頃にはすでに報告され始めているので、研究されているからといって盲信しすぎないようにしましょう。

## ☆ヘルシー商品の良し悪しは「オモテに書いていないこと」で判断しなさい

店頭に並ぶヘルシー商品にも落とし穴が隠されています。一見意識が高そうなヘルシー商品も、「ヘルシーっぽいこと言ってるけど、実際はそんなにヘルシーじゃない」ことがあるのです。

ヘルシー商品の中には、マーケティングのおかげで「それっぽさで選んでしまうけれど実際に何がメリットなのか分からないもの」がたくさん隠れています。よく使われるフレーズは例えば次の通り。

「ナチュラル」「自然そのまま」「身体にやさしい」「たんぱく質たっぷり」「ビーガン」「植物由来」「糖質減」「シュガーフリー」「0カロリー」

ヘルシー商品に限らず、ほとんどの商品は、**大々的に伝えたいことは表に堂々と表示し、本音では伝えたくないことは裏に小さく表示して、その情報を見つけるのを難しくしています。**

大多数の消費者は実際の言葉のイメージや店頭での好感度で商品を選ぶので、そうしたマーケティングが好まれています。でも実際にそうした「堂々と書いていないこと」に注目してみると、ヘルシー商品ビジネスの闇《やみ》が見えてきます。

例えば、「ナチュラル」「自然そのまま」「身体にやさしい」は、パッと見は身体によさそうだけれど「それが身体にとってどんなメリットがあるのか？」を説明できる人は、そう多くないと思います。「ナチュラル」だと何にいいの？「身体にやさしい」のメリットは何？「自然そのまま」が欲しいなら、この加工された商品を食べるよりも、生のフルーツをそのままかじったほうがいいのでは？

こうした問いかけをしながら見てみると、**はっきりとメリットを伝えているようで、実はイメージ先行で曖昧な言葉である**ことが分かります。

「たんぱく質たっぷり」もここ10年ほどで人気が出てきてよく使われるようになったフレーズですが、誤解の多い言葉です。確かにたんぱく質はたくさん入っているけれど、それよりも**砂糖や脂質のほうが多く入っていたりすることもある**のです。ナッツバーやおからスイーツはその典型例で、「美味しくするために砂糖やシロップも足してるし、なんなら脂質のほうがたんぱく質より入ってるよ」なんてことを注意書きしてくれません。

「ビーガン」「植物由来」も同様で、美味しくするために脂や塩や人工甘味料で味を濃くしていたりする食品も多く出回っています。「植物由来＝ヘルシー」というイメージがありますが、植物由来がいいものとは限りません。健康への影響が懸念されているサラダ油やココナッツオイルも植物由来です。

ニュージーランドの名物の「マヌカハニー」も、この「ヘルシーっぽいマーケティング」でよく使われます。もともと薬用効果のある蜂蜜《はちみつ》として健康志向の強い消費者の間で人気があり、マヌカハニーの名前がついた商品には高値がつきます。

ところが健康にいいからと思って買っても、実際は内容物のほとんどが安価で質の悪い材料で、マヌカハニーは香り程度にしか入っていないこともあるのです。これは、マヌカハニーの生産量は年１７００トン、しかしマヌカハニーとして世界中に流通している蜂蜜は約６倍の１万トンだったということが２０１４年頃から報道されており[4]、大きな話題となりました。

ヘルシー商品を好きだからと選ぶ行為自体は、特段悪いことではありません。健康に意識が高いのは、とてもいいことですから。でも、自分にいいことをしているつもりなのに、**特にそんなにメリットのない商品を〝わざわざ〟勘違いで選んでいるのなら、それは問題視するべき**でしょう。

「知っていてそれでも選ぶ」のと「知らずに選ぶ」では全く意味が異なります。「ヘルシーな食べ物を選んでいるのにやせない」というのは、こうした勘違いの積み重ねが原因で生まれているのかもしれません。ヘルシー商品の良し悪しは、表に堂々と書いていないことで判断しましょう。

## ☆日本人女性はプロボクサーと同じダイエットをしている

ネットで表示される何億もの**「科学的に正しいとされる方法」には「特定のグループで効果のあった方法を、誰にでも効果があるように紹介したもの」も混ざっています。**

プロボクサーのダイエットをオフィスで働く一般人に勧めるような記事や、マウスを使った実験結果をそのまま人間に当てはめたものまで実にさまざま。その全ての〝科学的に証明された〟方法のうち、「あなたにも当てはまるデータを使ったもの」はどれだけあるでしょうか？

**ダイエットの世界では、伝言ゲームのような誤った情報伝達が頻繁に起きています。**

例えば、SNSなどで見た記事のタイトルが「1番やせる方法はランニングだった！」と書かれていたとしましょう。この要約情報を見た人の中に、「研究対象はアメリカの大学に通う男性アスリート」「今後も他の人を対象にした研究の余地がある」といった詳細にまで目を通す人がどれだけいるでしょうか。タイトルだけ見て判断したような穴だらけの情報が、SNS

の投稿や他のメディアを通じて伝言ゲームのように伝わった結果、アメリカの大学に通う男性アスリートを対象にして分かった方法が、ずっと日本で日本で暮らしてきた女性にも同様の効果があるような伝えられ方をしてしまうのです。

**体質が「遺伝的要素」と「環境的要素」の掛け合わせであることを知っていれば、体質も食も文化もライフスタイルも性別も異なる人たちの（時には他動物の）データをそのまま自分に当てはめるべきではない**ことが分かります。しかし、そこまで詳細に気を配ることなく情報収集・伝達ができてしまうネット時代では、簡単に誤解が広まり、その誤解がさらなる誤解を生んでしまうのです。

自分と異なる人を対象にしたデータが、全く参考にならないわけではありません。「外的妥当性（一般化可能性）」といって、ある集団を対象にして調査した結果をどこまで適応できるか示すものがあり、外的妥当性が高い場合はそのデータを使っても問題ないとされています。

例えば、「マウスを使った実験結果をそのまま人間に適応できるか？」は「外的妥当性は低い」といえますが、「20～60代の一般女性を対象にした実験結果を、日本人女性に適応できるか？」に関しては「外的妥当性が高い」といえます。

SNSで誰でも発信できるようになった時代においては、科学的根拠を述べている記事にすら「これって誰向けの情報？」と情報元までたどって調べて、自分に合うかどうかのふるいわけをしていかなければなりません。

　科学的根拠がある情報だからとすぐ信頼して飛びつのではなく、「誰を対象にした研究が基になっているのか？」「誰に向けた情報なのか？」「自分に応用できるか？」と調べながら、自分との外的妥当性を判断する癖をつけてください。

## ☆男女で身体は違うのに、世のダイエット法の多くが成人男性向け

これだけダイエットの注目度が高いのにもかかわらず、実は**「男性と女性で身体の仕組みは異なるから、ダイエットも男女区別して考えましょう」という考え方が導入され始めたのは、たった10年ほど前のこと。**それまでは、さまざまな場面において女性の身体は「単に男性をひと回り小さくしたバージョン」として考えられていました。

エクササイズの科学的な研究は以前からもちろんありましたが、現在出回っている知見の多くが「健康な成人男性」を対象にしたものです（一般的に男性スポーツのほうが、資金が集まるからという事情もあって）。そのため、**女性の身体への影響についてはまだまだ分からないことだらけ。**

ホルモンの第8章で紹介した生理周期とダイエットに関する知見も、研究分野としてはまだ新しく一般レベルに浸透するまでには至っていません。よって、フィットネスの専門家でも生理周期を把握しないままダイエットを指導したり、ライフステージによって変化する身体を無視して、全年齢共通として食事やエクササイズが指導されています。

男女差を考慮《こうりょ》した方法は、男女で異なる「生物学的な差」と「環境的な差」に着目します。例えば、「生物学的な差」に関しては、女性は低強度の運動をしている時に男性よりも高い割合で脂肪をエネルギー源として利用する傾向があり、男性は高強度の運動をする時により多くの糖質を使う傾向があることが分かっています(5)(6)。これはテストステロン・エストロゲンなどの性ホルモンのバランスの違いが要因の1つとされていて、こうした生物学的な差が男女の運動の好みを分けている可能性もあります。

低強度・持久系の運動は脂肪が主なエネルギー源として使われますが、男性より女性のほうが脂肪を使う割合は高めなので、女性はウォーキングなどの運動を長時間続けることを楽しむ傾向があります。一方で、糖質を使う割合が女性よりも高めの男性は、糖質が主なエネルギー源として使われる筋トレや高強度運動を好む傾向があります。運動中のエネルギー源が異なり、得意な運動や好みも異なるとなれば、**「楽しく長く続けたくなるような方法」や「最も結果が出る方法」も男女で異なるでしょう。**

また、女性と男性は普段の環境で抱える問題も異なります。オフィス環境1つをとっても、部屋の温度は「成人男性の基礎代謝」を基に設定されているため、女性よりも基礎代謝が高い(＝発する熱が高い)男性が心地よい温度でオフィスの室内温度を設定すると、女性はガタガタ震えてしまいます。1日のほとんどを過ごす環境がこれでは、女性の冷え性や肩こりをエクササイズだけで改善するのは困難でしょう。

また、男女で骨盤の構造が異なるため、同じイスでも男性が長時間座るのと女性が長時間座るのとでは、身体への負担も異なります。

男女でフィットネスの正解が異なること。一般に広まっている現在の科学の常識が「男性寄りの常識」であること。これらはまだ注目され始めたばかりの課題で、一般ダイエッターの間ではほとんど話題に出ることがありません。

これからもっと男女差にフォーカスした研究がされていけば、「人口の半分に合っていない情報」ばかりが集まっているおかしな現状も改善するでしょう。「男性には男性にピッタリのダイエットを、女性には女性にピッタリのダイエットを」これが、今後の新しいスタンダードなのです。

## ☆出産後にスレンダーな身体を披露《ひろう》する芸能人の真似をしてはいけない理由

最近は「産後ダイエット」という言葉が生まれ、ママたちの体型コンプレックスを突いて「妊娠前の体型に戻れる！」と謳う産後ダイエットのサービス・商品も多く出回るようになりました。「出産後、なかなか妊娠前の体重・体型に戻れない」という悩みを抱えるママは非常に多く、実に96％の人が「1年後に体型が戻っていない……」と感じているというアンケート結果もあります(7)。

産後ダイエットで皆が当たり前のように追う「妊娠前の身体」という理想像ですが、妊娠前の身体に戻ることはママたちにとって、そもそも本当に正解なのでしょうか？

子供がいなかった時は、手のひらサイズのハンドバッグ1個でお出かけができました。子供ができてからは、大きなバッグにいっぱいの荷物を入れ、10kg以上になる子供を抱えて出かけます。

全く異なるライフスタイルになったのだから、それに合わせて身体が変わるのは当然のこと。**無理やり〝あの頃（出産前）の身体〟に戻せたとしても、産後に求められるようになった身体的・精神的負荷に耐えられないでしょう。**

ライフステージに合わせて、身体は常に変化していきます。約1年をかけて1つの生命をお腹の中で育て産み落とすという大仕事をした身体は、ホルモンの変化、皮の伸縮、もともとの1000倍以上ほどのサイズになった子宮、骨盤底筋が受けたダメージ、骨格の変化など、努力だけでは戻せないほどの変化を経験し、新しい生活を始めていきます。

このように身体は大きく変化したのに、出産前への憧れが強い状態は、心がその変化についていっていない証拠です。

妊娠・出産で変わった筋肉の状態や癖は生活していれば勝手に戻るわけではないので、その時期に特化した運動が必要なのは確かです。しかし、**産後エクササイズとダイエットとは分けて考えなければいけません。**

例えば、よくダイエット向けエクササイズで紹介されるスクワットは、妊娠中に前に傾いた骨盤をさらに悪化させ、出産でダメージを受けた骨盤底筋のトラブルにつながるリスクが高いため、初期の段階では避けるべき種目です。

スクワットで鍛えられる筋肉は、身体の中でも最も大きい大腿《だいたい》四頭筋《しとうきん》・大臀筋《だいでんきん》（前もも・お尻の筋肉）なので「カロリーを効率よく燃やせる」という理由で、スクワットはダイエットメニューに加えられがち。でも**産後に焦ってスクワットをしてしまうと、身体を痛めつけてしま**

**います。**

本当に心や身体の健康を優先するプロなら、10ヶ月かけて大きく変化した身体を数ヶ月で急激に戻すようなことはしません。産後ダイエットが流行ることで1番利益を得ているのはママたちではなく、やせたい人が増えるほど売れ行きが伸びるダイエット業界ではないでしょうか。

1年で体型が戻ったと感じるのはたった4％というデータも出ているのですが、4％というごく少数のママのように自分も戻るべきなんだ‼と感じてしまうのは、「出産前と変わらず」や「お母さんには見えない」の褒め言葉、「あの芸能人がやった産後ダイエット」という広告など、普段囲まれている環境が原因にあります。

以上で挙げてきたような危険性を知っていたら、産後ダイエットと謳う多くは、とてもママのために発信されているとは思えません。

産後1年間は、ホルモン値が安定するのを待ちながらダメージを受けた身体のケアをして、寝る時間を確保するのを優先しましょう。

出産後にすぐに体型を戻すプレッシャーを感じる時は、そうさせるような環境から離れるべきなので、SNSを見るのをやめるのもオススメです。

日本ではまだまだ妊娠中の運動を禁止したり、妊娠したら退会させるジムがあちらこちらで見られるため、孤立しがちな妊婦・ママが正しい情報に触れる機会が少ない状態です。産前と産後の心身の健康に焦点を当てたフィットネス教室なども増えてきているので、そういった専門家のいる環境で正しい知識を得ながら、不健康な風潮から自分の身を守ってあげましょう。

## ☆流行は10年以内に変わるが、あなたの身体はずっと変わらない

最新科学も、流行も、常識も、場所と時代で変動します。今日一生懸命追っている最新科学だって、10年後には間違った古い知識になっている可能性もあります。私がずっと指導している70代の方が「これまでの人生で何度も『1日にいくつ卵を食べていいか』のガイドラインが変わったよ。今はいくつが正解?」と言っていました。エクササイズの王道のスクワットだって、以前は「膝をつま先よりも前に出さないのが正しいフォーム」といわれていましたが、現在は「それは実は間違いで、骨の形や脚の長さが人それぞれ違うので、膝が前に出ても正解の場合もある」という新見解になっています。

これだけめまぐるしく「正解」が変わっていくこの分野で、「あなたにピッタリの正解」とはいったい何なのでしょうか。それは、**「あなたの心と身体が1番喜ぶ方法」のこと**です。

世の中には、同じ食べ物を食べていても、太っていく人とやせていく人がいます。同じ運動をしていても、楽しいと感じる人と、つまらなかったり辛かったりと感じる人がいます。ダイエットをして見た目はやせて成功しているように見えるけれど、心を犠牲にしている人もいます。

成功している人の真似をしたって、あなたが同じような成功を得られるとは限りません。一人一人で正解の形は異なり、あなたの答えはあなたの身体に書いてあります。これからどれだけ一般的な「正解」の概念が変わろうと、あなたの身体は1つだけ。時代に関係なく、あなたがあなたにピッタリの答えを知っている。これが、今後一生自分の身体と上手に向き合っていくために必要な土台の考え方です。

最新科学や教科書の情報は、自分の身体との対話をしていくための参考書であって、そのまま当てはめていい答えではありません。またどこかで「どれが本当の正解なの?」と迷ったら、これ以上情報を集めることは一旦やめて、自分の心と身体で確認してみましょう。

「1番活力が出る時間帯はいつ?」「むくみが1番取れるライフスタイルは?」「楽しくて自然と続けたくなるような運動は?」「1番疲れが取れる休み方は?」「自分の身体の特徴を1番活かせる服装は?」「1番心がアガる環境は?」

体重計との睨《にら》めっこや最新情報の追っかけでは導けない答えが、毎日の生活の中に隠されています。たくさんの人が、時には無責任に、心と身体に関する情報を操れる時代で今後一生迷子にならないよう、ブレない軸は「自分の中に」持っておく。一生懸命自分を磨こうとしているあなたがもし迷子になりそうな時は、本棚に置いてある本書に戻ってきて、1番大事な土台を思い出しに来てください。

# おわりに

ニュージーランドに渡航する時に「これからの生活で必要なものをスーツケース2つにまとめなければならない」という状況で、限られたスペースでも必ず持っていきたいと思った1冊の本がありました。それが、ボディワーカー森拓郎さんの本です。バイブルのように何度も読み返し、摂食障害克服を支えてくれた本でした。元気なイメージを壊したくなくて一人で抱え込んでいた私の心にも届いた本を、赤道をまたいだ反対側で読み返した時に、「本なら、どこにいても必要としている人に届くんだ」と思ったのを覚えています。

今回こうして出版というご縁に結ばれ、今度は私が本を書く立場になりました。執筆中に繰り返し思い出したのは、もちろん当時のこと。今までもパーソナルトレーナーとして「あの時の私が必要としていた人になる」という思いを軸に活動をしてきましたが、執筆ではいっそう「あの時に一番かけてほしかった言葉や、教えてほしかった考え方」を考えていました。

当時の私は、やせるために本当は大嫌いなランニングも好きなフリをして毎日自分に課したり、ルールに従えなかった時の罰として無理やり押し付けたりしていました。たまには罪悪感なく心から好きな食べ物を楽しもう！と決めた時は「いつも頑張ってるから」と理由を探して、自分に〝許可〟を出さなければなりませんでした。

もともと「自分の人生を今よりもっとよくするために」「自分にもっと自信が持てるようになるために」と始めたはずのダイエットだったのに、気付いた頃には、ルールや制限に囲まれ、「自分を否定すること」ばかり。自分のコンプレックスを隠すことだけに一生懸命になっていた私は、「自分らしさを受け入れること」を拒んだまま、目標に向かって全力疾走していたのです。

あの時の私に必要だったのは「頑張れ！」という鼓舞でも「究極の即やせ術はこれだ！」というハウツー情報でもありませんでした。毎年、何かに追われるように「夏までにやせる！」と目標を立て、残りの秋〜春の間は自分の身体をダボダボの服で隠しながら過ごしていた生き方そのものに、疑問を持つという考え方だったのです。

今、日本に帰るたびに、電車や駅で見かける広告に驚かされます。整形、脱毛、転職、語学などなど。毎日当たり前のように「今のあなたは十分じゃないよ。変わらないといけないよ」というメッセージが目に入ってきます。当たり前のようにテレビでは人の容姿をからかっている。当たり前のようにやせた姿が褒められる。当たり前のようにみんな同じような「理想の姿」を描いている……（日本の隅から隅までそうであるとは限りませんが）。

こういう環境に慣れてしまうと、感覚が麻痺《まひ》してしまうのだと思います。私もずっと「世間の理想にそぐわない自分は恥ずかしい」と思っていて、そのままの自分を褒められることよりも、変化した自分を褒められることのほうが圧倒的に多かったです。周りの女の子も「マジでやせなきゃヤバい」と言っているし、それが普通で、疑問にも思わなくなっていました。

海外に出るようになって初めて、さまざまな人種・体型・バックグラウンドの人々と関わり、「なんで日本での基準があなたにとっての『正解』になるの？」「あなたはそのままで十分素敵だよ、そのままのあなたが大好きだよ」と言われて、私の頭の中にはその分野の思考回路が丸っと抜け落ちていることに気が付きました。

自分では当たり前に思っている「普通」や「標準」も、他の環境の人から見たら不思議なことだったり、気にも留めないことだったりします。それに気付かせてくれる経験を20代のうちにできたことは、私の宝物です。今度は私が気付いていただくほうの立場になって、溢れるダイエット情報に囲まれて視野が狭くなってしまっている人たちに声をかける番。この本を通じて、過去の私のようにダイエットに悩んでいたり、何をやっても自分に満足できなかったりする人たちの心に、残る言葉が届けられていたら嬉しいです。

本を出版するのは、ずっと夢だった社会貢献の形でした。この本の執筆にあたって、編集者の杉浦さんをはじめ、言葉の紡《つむ》ぎ方を教えてくださったブックオリティの皆さま、何があっても「The world needs your knowledge.」と言って背中を押し続けてくれたクライアントの方々、膝の上で執筆を見守ってくれた愛犬Bubbles、日本や地球の色々なところから見守ってくれている家族・友人、いつでも相談に乗ってくれたパートナー。本当にたくさんの方々の支えを受けながら、こうして1冊の本として形になりました。ありがとうじゃ伝えきれないほどの感謝を胸に、この「おわりに」を書いています。

この本を手に取ってくださった皆さんが、これからの人生観まで変わるようなハッとした気付きを得て、ベストセルフ（一番最高の自分）で前に進めますように。世界のどこにいても届くように、赤道の向こう側から大声援を送ります！　私がおまじないのように大事にしている言葉を添えて。

Be you. Do you. For you.
「あなた自身のために、あなたらしく、あなたがやりたいことをやりなさい」

2024年6月　m·i·k·i·k·o

# 参考文献

## 第1章

（1）McComb, Sarah E., and Jennifer S. Mills. "Young Women's Body Image Following Upwards Comparison to Instagram Models: The Role of Physical Appearance Perfectionism and Cognitive Emotion Regulation." Body Image, vol. 38, Sept. 2021, pp. 49–62, https://doi.org/10.1016/j.bodyim.2021.03.012.

（2）Cataldo, Ilaria, et al. "Fitspiration on Social Media: Body-Image and Other Psychopathological Risks among Young Adults. A Narrative Review." Emerging Trends in Drugs, Addictions, and Health, vol. 1, no. 1, 2021, p. 100010, www.sciencedirect.com/science/article/pii/S2667118221000088, https://doi.org/10.1016/j.etdah.2021.100010.

（3）de Vries, Dian A., et al. "Adolescents' Social Network Site Use, Peer Appearance-Related Feedback, and Body Dissatisfaction: Testing a Mediation Model." Journal of Youth and Adolescence, vol. 45, no. 1, 19 Mar. 2015, pp. 211–224, www.ncbi.nlm.nih.gov/pmc/articles/PMC4698286/ , https://doi.org/10.1007/s10964-015-0266-4.

## 第2章

（1）Goldfield, Gary S. "Body Image, Disordered Eating and Anabolic Steroid Use in Female Bodybuilders." Eating Disorders, vol. 17, no. 3, 28 Apr. 2009, pp. 200–210, https://doi.org/10.1080/10640260902848485.

（2）Jackson, Sarah E., et al. "Perceived Weight Discrimination and Changes in Weight, Waist Circumference, and Weight Status." Obesity, vol. 22, no. 12, Sept. 2014, p. n/a-n/a, https://doi.org/10.1002/oby.20891.

（3）Sutin, Angelina R., and Antonio Terracciano. "Perceived Weight Discrimination and Obesity." PLoS ONE, vol. 8, no. 7, 24 July 2013, p. e70048, pubmed.ncbi.nlm.nih.gov/23894586/, https://doi.org/10.1371/journal.pone.0070048.

（4）Sutin, Angelina R., et al. "Perceived Discrimination and Physical, Cognitive, and Emotional Health in Older Adulthood." The American Journal of Geriatric Psychiatry : Official Journal of the American Association for Geriatric Psychiatry, vol. 23, no. 2, 1 Feb. 2015, pp. 171–179, www.ncbi.nlm.nih.gov/pmc/articles/PMC4170050/, https://doi.org/10.1016/j.jagp.2014.03.007.

(5) Puhl, Rebecca M., and Chelsea A. Heuer. "Obesity Stigma: Important Considerations for Public Health." American Journal of Public Health, vol. 100, no. 6, June 2010, pp. 1019–1028, www.ncbi.nlm.nih.gov/pmc/articles/PMC2866597/, https://doi.org/10.2105/ajph.2009.159491.

(6) Matheson, Eric M, et al. "Healthy Lifestyle Habits and Mortality in Overweight and Obese Individuals." Journal of the American Board of Family Medicine : JABFM, vol. 25, no. 1, 2012, pp. 9–15, www.ncbi.nlm.nih.gov/pubmed/22218619/, https://doi.org/10.3122/jabfm.2012.01.110164.

(7) Mustillo, Sarah A., et al. "Trajectories of Body Mass and Self-Concept in Black and White Girls." Journal of Health and Social Behavior, vol. 53, no. 1, Mar. 2012, pp. 2–16, https://doi.org/10.1177/0022146511419205.

**第3章**

(1) Ostendorf, Danielle M, et al. "No Consistent Evidence of a Disproportionately Low Resting Energy Expenditure in Long-Term Successful Weight-Loss Maintainers." The American Journal of Clinical Nutrition, vol. 108, no. 4, 1 Oct. 2018, pp. 658–666, https://doi.org/10.1093/ajcn/nqy179.

(2) Pacanowski, C. R., et al. "Self-Weighing: Helpful or Harmful for Psychological Well-Being? A Review of the Literature." Current Obesity Reports, vol. 4, no. 1, 27 Jan. 2015, pp. 65–72, https://doi.org/10.1007/s13679-015-0142-2.

**第5章**

(1) https://www.bosei-navi.mhlw.go.jp/health/meal.html

(2) https://ourworldindata.org/obesity

(3) https://www.who.int/en/news-room/fact-sheets/detail/obesity-and-overweight

(4) 厚生労働省 日本人の栄養・健康状態の変遷について https://www.mhlw.go.jp/file/05-Shingikai-10901000-Kenkoukyoku-Soumuka/0000039761.pdf

(5) Judge, Timothy A., and Daniel M. Cable. "When It Comes to Pay, Do the Thin Win? The Effect of Weight on Pay for Men and Women." Journal of Applied Psychology, vol. 96, no. 1, 2011, pp. 95–112, https://doi.org/10.1037/a0020860.

（6）株式会社大和総研「人々の所得や雇用から見る健康格差」https://www.dir.co.jp/report/research/introduction/economics/disparity/20170217_011733.pdf
（7）Bray, George A., et al. "Effect of Overeating Dietary Protein at Different Levels on Circulating Lipids and Liver Lipid: The PROOF Study." Nutrients, vol. 12, no. 12, 11 Dec. 2020, p. 3801, https://doi.org/10.3390/nu12123801.
（8）Bray, George A., et al. "Effect of Dietary Protein Content on Weight Gain, Energy Expenditure, and Body Composition during Overeating." JAMA, vol. 307, no. 1, 4 Jan. 2012, p. 47, www.ncbi.nlm.nih.gov/pmc/articles/PMC3777747/, https://doi.org/10.1001/jama.2011.1918.
（9）https://www.hsph.harvard.edu/nutritionsource/healthy-eating-plate/translations/japanese/

**第6章**

（1）Brownley, Kimberly A., et al. "Binge-Eating Disorder in Adults." Annals of Internal Medicine, vol. 165, no. 6, 28 June 2016, p. 409, annals.org/aim/fullarticle/2531704/binge-eating-disorder-adults-systematic-review-meta-analysis, https://doi.org/10.7326/m15-2455.
（2）Kumar, Rupal, et al. "Obesity and Stress: A Contingent Paralysis." International Journal of Preventive Medicine, vol. 13, no. 95, 24 June 2022, p. 95, www.ncbi.nlm.nih.gov/pmc/articles/PMC9362746/, https://doi.org/10.4103/ijpvm.IJPVM_427_20.

**第7章**

（1）Benelam, B., and L. Wyness. "Hydration and Health: A Review." Nutrition Bulletin, vol. 35, no. 1, Mar. 2010, pp. 3–25, onlinelibrary.wiley.com/doi/full/10.1111/j.1467-3010.2009.01795.x, https://doi.org/10.1111/j.1467-3010.2009.01795.x.
（2）Ganio, Matthew S, et al. "Mild Dehydration Impairs Cognitive Performance and Mood of Men." The British Journal of Nutrition, vol. 106, no. 10, 2011, pp. 1535–43, www.ncbi.nlm.nih.gov/pubmed/21736786, https://doi.org/10.1017/S0007114511002005.
（3）Riebl, Shaun K, and Brenda M Davy. "The Hydration Equation: Update on Water Balance and Cognitive Performance." ACSM's Health & Fitness Journal, vol. 17, no. 6, 2013, pp. 21–28, www.ncbi.nlm.nih.gov/pubmed/25346594, https://doi.org/10.1249/FIT.0b013e3182a9570f.

(4) Popkin, Barry M, et al. "Water, Hydration, and Health." Nutrition Reviews, vol. 68, no. 8, 20 July 2020, pp. 439–458. PubMed Central, www.ncbi.nlm.nih.gov/pmc/articles/PMC2908954/, https://doi.org/10.1111/j.1753-4887.2010.00304.x.
(5) Vij, Vinu A. "Effect of "Water Induced Thermogenesis" on Body Weight, Body Mass Index and Body Composition of Overweight Subjects." JOURNAL of CLINICAL and DIAGNOSTIC RESEARCH, vol. 7, no. 9, 2013, https://doi.org/10.7860/jcdr/2013/5862.3344.
(6) Rodrigues, Luís, et al. "Dietary Water Affects Human Skin Hydration and Biomechanics." Clinical, Cosmetic and Investigational Dermatology, vol. 8, Aug. 2015, p. 413, www.ncbi.nlm.nih.gov/pmc/articles/PMC4529263/, https://doi.org/10.2147/ccid.s86822.

## 第8章

(1) Pitteloud, Nelly, et al. "Increasing Insulin Resistance Is Associated with a Decrease in Leydig Cell Testosterone Secretion in Men." The Journal of Clinical Endocrinology & Metabolism, vol. 90, no. 5, 1 May 2005, pp. 2636–2641, academic.oup.com/jcem/article/90/5/2636/2836773?login=true, https://doi.org/10.1210/jc.2004-2190.
(2) Rao, Preethi M., et al. "Testosterone and Insulin Resistance in the Metabolic Syndrome and T2DM in Men." Nature Reviews Endocrinology, vol. 9, no. 8, 25 June 2013, pp. 479–493, https://doi.org/10.1038/nrendo.2013.122.
(3) Yeung, Edwina H., et al. "Longitudinal Study of Insulin Resistance and Sex Hormones over the Menstrual Cycle: The BioCycle Study." The Journal of Clinical Endocrinology & Metabolism, vol. 95, no. 12, Dec. 2010, pp. 5435–5442, https://doi.org/10.1210/jc.2010-0702.
(4) Your Body Language May Shape Who You Are https://www.ted.com/talks/amy_cuddy_your_body_language_may_shape_who_you_are/transcript?language=en

## 第9章

(1) Bacaro, Valeria, et al. "Sleep Duration and Obesity in Adulthood: An Updated Systematic Review and Meta-Analysis." Obesity Research & Clinical Practice, vol. 14, no. 4, July 2020, pp. 301–309, https://doi.org/10.1016/j.orcp.2020.03.004.
(2) Sperry, Susan D., et al. "Sleep Duration and Waist Circumference in Adults: A Meta-Analysis." Sleep, vol. 38, no. 8, 1 Aug. 2015,

pp. 1269–1276, academic.oup.com/sleep/article/38/8/1269/2417977, https://doi.org/10.5665/sleep.4906.

(3) Hanlon, Erin C., et al. "Sleep Restriction Enhances the Daily Rhythm of Circulating Levels of Endocannabinoid 2-Arachidonoylglycerol." Sleep, vol. 39, no. 3, 1 Mar. 2016, pp. 653–664, https://doi.org/10.5665/sleep.5546.

(4) Knutson, Kristen L., et al. "The Metabolic Consequences of Sleep Deprivation." Sleep Medicine Reviews, vol. 11, no. 3, June 2007, pp. 163–178, www.sciencedirect.com/science/article/pii/S1087079207000202, https://doi.org/10.1016/j.smrv.2007.01.002.

(5) Kelley, George A, and Kristi Sharpe Kelley. "Exercise and Sleep: A Systematic Review of Previous Meta-Analyses." Journal of Evidence-Based Medicine, vol. 10, no. 1, Feb. 2017, pp. 26–36, https://doi.org/10.1111/jebm.12236.

(6) Vanderlinden, J., et al. "Effects of Physical Activity Programs on Sleep Outcomes in Older Adults: A Systematic Review." International Journal of Behavioral Nutrition and Physical Activity, vol. 17, no. 1, 5 Feb. 2020, https://doi.org/10.1186/s12966-020-0913-3.

## 第10章

(1) Jones, Samuel E., et al. "Genome-Wide Association Analyses of Chronotype in 697,828 Individuals Provides Insights into Circadian Rhythms." Nature Communications, vol. 10, no. 1, 29 Jan. 2019, https://doi.org/10.1038/s41467-018-08259-7.

(2) Facer-Childs, Elise R., et al. "The Effects of Time of Day and Chronotype on Cognitive and Physical Performance in Healthy Volunteers." Sports Medicine - Open, vol. 4, no. 47, 24 Oct. 2018, www.ncbi.nlm.nih.gov/pmc/articles/PMC6200828/, https://doi.org/10.1186/s40798-018-0162-z.

(3) "Exercise Training Elicits Superior Metabolic Effects When Performed in the Afternoon Compared to Morning in Metabolically Compromised Humans." Physiological Reports, vol. 8, no. 24, 23 Dec. 2020, https://doi.org/10.14814/phy2.14669.

(4) Savikj, Mladen, et al. "Afternoon Exercise Is More Efficacious than Morning Exercise at Improving Blood Glucose Levels in Individuals with Type 2 Diabetes: A Randomised Crossover Trial." Diabetologia, vol. 62, no. 2, 13 Nov. 2018, pp. 233–237, https://doi.org/10.1007/s00125-018-4767-z.

(5) Gabriel, Brendan M., and Juleen R. Zierath. "Circadian Rhythms and Exercise — Re-Setting the Clock in Metabolic Disease."

Nature Reviews Endocrinology, vol. 15, no. 4, 17 Jan. 2019, pp. 197–206, www.nature.com/articles/s41574-018-0150-x, https://doi.org/10.1038/s41574-018-0150-x.
(6) https://mctq.jp/
(7) Kitamura, Shingo, et al. "Validity of the Japanese Version of the Munich ChronoType Questionnaire." Chronobiology International, vol. 31, no. 7, 14 May 2014, pp. 845–850, https://doi.org/10.3109/07420528.2014.914035.

## 第11章

(1) Pila, Eva, et al. "A Thematic Content Analysis of #Cheatmeal Images on Social Media: Characterizing an Emerging Dietary Trend." International Journal of Eating Disorders, vol. 50, no. 6, 11 Jan. 2017, pp. 698–706, https://doi.org/10.1002/eat.22671.
(2) Colombarolli, Maíra Stivaleti, et al. "Craving for Carbs: Food Craving and Disordered Eating in Low-Carb Dieters and Its Association with Intermittent Fasting." Eating and Weight Disorders - Studies on Anorexia, Bulimia and Obesity, 23 Aug. 2022, https://doi.org/10.1007/s40519-022-01437-z.
(3) Lesser, Lenard I, et al. "Relationship between Funding Source and Conclusion among Nutrition-Related Scientific Articles." PLoS Medicine, vol. 4, no. 1, 9 Jan. 2007, p. e5, https://doi.org/10.1371/journal.pmed.0040005.
(4) 日本マヌカハニー協会「マヌカハニーの生産量と販売量が釣り合わない?」http://j-manukahoney.jp/forgery
(5) Davis, Stephen N., et al. "Effects of Gender on Neuroendocrine and Metabolic Counterregulatory Responses to Exercise in Normal Man1." The Journal of Clinical Endocrinology & Metabolism, vol. 85, no. 1, Jan. 2000, pp. 224–230, https://doi.org/10.1210/jcem.85.1.6328.
(6) Arciero, P. J., et al. "Resting Metabolic Rate Is Lower in Women than in Men." Journal of Applied Physiology, vol. 75, no. 6, 1 Dec. 1993, pp. 2514–2520, https://doi.org/10.1152/jappl.1993.75.6.2514.
(7) 株式会社ジョコネ。プレスリリース https://prtimes.jp/main/html/rd/p/000000004.000052754.html

# ニュージーランド式
# 24時間やせる身体をつくる
# ベストセルフダイエット

2024年7月9日　第1刷発行

著　　者　mikiko

発 行 人　土屋 徹

編 集 人　滝口勝弘

編集担当　杉浦博道

発 行 所　株式会社Gakken
〒141-8416　東京都品川区西五反田2-11-8

印 刷 所　中央精版印刷株式会社

●この本に関する各種お問い合わせ先
本の内容については、下記サイトのお問い合わせフォームよりお願いします。
https://www.corp-gakken.co.jp/contact/
在庫については　Tel 03-6431-1250（販売部）
不良品（落丁、乱丁）については　Tel 0570-000577
学研業務センター　〒354-0045　埼玉県入間郡三芳町上富279-1
上記以外のお問い合わせは　Tel 0570-056-710（学研グループ総合案内）